THE GREATEST CHOREOGRAPHERS

세기의 안무가

THE GREATEST
CHOREOGRAPHERS

장인주 지음

이콘

張仁珠 의
《세기의 안무가》
축전 시

화살 꽂은 눈매로
기라성들을 보고
東西가 손잡아
구슬하게 만들었다

矢眼驕羅星
東西結連珠

2015. 10. 22
102翁 呈出 朴容九

추천시

矢眼綺羅星 시안기라성

화살 같은 눈매로
기라성들을 보고

東西結連珠 동서결연주

東西가 손잡아
구슬타래 만들었다

2015년 10월 22일
102세 입사 박용구

책머리에

나의 꿈은 본래 무용가였다. 춤을 처음 접한 건 다섯 살 때였다. 솔직히 처음 무용을 시작했을 때의 기억은 없다. 음악 소리만 들으면 자다가도 일어나 춤을 추길래 신기해서 무용학원에 데려갔다는 엄마의 말씀과 빛바랜 사진 몇 장이 남아 있을 뿐이다. 하지만 무대 위 아련한 조명 밑에서 신나게 춤췄던 기억은 생생하다. 긴장하기는커녕 즐기는 나를 보며 '끼'가 있다고 확신한 엄마는 최선을 다해 '큰 선생'을 찾으셨다. 호남우도 농악 '장고의 신' 김병섭 선생께 설장고, 인간문화재 이동안 옹께 춤과 악기, 김백봉 선생께 한국무용, 홍정희 선생께 발레를 사사했다. 1970년 창간한 무용잡지『무용한국』에 여러 차례 등장하며, 무용가의 꿈을 안고 유년기와 청소년기를 보냈다.

한국무용을 추며 가야금, 장고, 대금, 꽹과리 등 온갖 악기까지 배웠지만, 정작 대학에서는 발레를 전공했다. 그동안 익힌 한국무용을 바탕으로 우리의 혼이 담긴 창작발레를 만들어보겠다는 야무진 꿈을 꿨다. 그런데 대학 시절 내내 머릿속을 떠나지 않았던 것은 프랑스어로 되어 있는 발레 용어를 제대로 이해하고 싶다는 갈망이었다. 결국 대학을 마치자마자 졸업식 참석도 포기한 채, 발레의 기원을 좇아 1989년 2월 1일 파리행

비행기를 탔다. 그렇게 도착한 파리는 혁명 200주년 기념행사로 한층 들떠 있었다.

뒤돌아보면 참 운이 좋았다. 발레의 기원을 공부하겠다는 꿈은 어렵지 않게 이룰 수 있었다. 소르본 대학에서 무용학 석사를 마치고, 파리 국립 오페라발레학교에서 발레교사 자격증을 따면서 그렇게 궁금해하던 발레 용어뿐 아니라 프랑스 정통 발레 이론을 익힐 수 있었다. 기원을 찾다 보면 끊임없이 시대를 거슬러오르게 되는가보다. 태양왕 루이 14세 시절의 춤이자 발레의 원전인 바로크 무용도 공부하게 됐다. 오랫동안 서고에 잠들어 있던 고문헌을 해독하고, 무보를 재연하는, 어렵지만 흥미로운 연구였다.

이론 공부뿐 아니라 춤도 췄다. 내가 바로크 무용으로 무대에 서는 것이 마치 서양인이 한복을 입고 한국 전통무용을 추는 것처럼 어색해 보일까봐 무진 애를 썼다. 결국 리스 에 당스리Ris et Danceries 바로크 무용단에서 이 년 동안 단원으로 활동하게 되었고, 서정비극 〈메데〉 초연에 참여해 뉴욕 BAM 무대에 서는 영광도 누렸다. 1994년 여름, 바로크음악의 거장 윌리엄 크리스티와 둘이 찍은 사진이 미국 잡지 『베니티 페어Vanity Fair』의 한 페이지를 장식하기도 했다.

한국무용으로 시작해 발레를 전공하고, 발레의 기원을 찾아 바로크 무용까지 배우는 큰 순환을 거치고 나니 이 모든 것을 연결하는, 동서양의 춤에 대한 비교연구가 절실해졌다. 무용학 박사가 없는 프랑스에서 결국 미학과에 진학해 프랑스와 한국의 궁정무용을 비교하는 논문으로 무용미학 박사 학위를 받았다. 논문을 쓰는 데만 꼬박 오 년이 걸렸지만, 개인적으론 좌충우돌했던 무용 행보 삼십 년을 요약한 결과물을 얻은 듯해 뿌듯했다.

이 책은 유럽을 중심으로 활동한 '세기의 안무가' 삼십 인을 선별해 그들에 대한 소개와 작품 리뷰를 담은 것이다. 그런데 책머리에 장황하게 내가 걸어온 길과 파리에서의 유학생활을 늘어놓는 이유는 이렇다.

우선 몇 년 전부터 일간지에 리뷰를 쓰면서 무용평론가로 활동하고 있긴 하지만(이전엔 무용학자란 의미로 '무용이론가'로 불러주길 고집했다), 본래는 춤을 추었던 사람이라는 이력을 말하고 싶었다. 책상머리에서만, 활자로만 춤을 접한 게 아니라, 많이 부족하지만 꽤 무대에서 뒹굴었다는 사실 말이다. 몸으로 체득하며, 그 안의 텁텁한 공기와 섬뜩한 긴장감을 겪어봤기에 춤꾼의 간절함 역시 나의 내면에 깊숙이 아로새겨져 있다. 이걸 바탕으로 그나마 예술가에 근접한 시각에서 작품세계를 바라보는 게 나의 차별점 아닐까 스스로 위로하기도 한다. 어쩌면 나의 부족한 글재주를 면피하기 위한 핑계일지도 모르지만.

유학 시절 이야기는 이 책이 어떤 토양에서 만들어졌는지를 말하고 싶어서다. 예술의 도시 파리는 전통과 아방가르드가 팽팽하게 공존하고 있고, 그 덕에 난 '전통'을 공부하면서 '아방가르드'를 지켜볼 수 있었다. 또 다른 예술의 메카 뉴욕을 유학지로 선택했더라면 불가능했을 일이다. 이 책은 파리에서 목격한 1990년대 이후 '춤의 아방가르드'를 기록했다.

파리에서 유학한 1989년부터 1999년은 프랑스 춤이 르네상스를 맞은 시기였다. 프랑스에서 발레가 탄생했지만, 20세기 현대무용이 미국과 독일을 중심으로 태동하면서, 중심에서 밀려났던 프랑스 무용이 1980년대를 기점으로 놀라운 발전을 이룬 결과였다. 1981년 미테랑 사회당 정부 출범 이후 문화 정책이 많이 개선되었고, 무엇보다도 문화부 예산이 기존에 비해 두 배가량 크게 늘어 프랑스 무용은 기대 이상으로 빠르게 발전했다. 당시 자크 랑 문화부 장관의 혜안도 물론 빼놓을 수 없다.

앙제 국립 현대무용학교에서는 신진 안무가를 대거 배출했고, 국립 안무센터^{CCN}와 바뇰레 안무 콩쿠르를 통해 창작의 기회는 더욱 많아졌다. 파리 테아트르 드 라 빌^{Théâtre de la Ville}, 몽펠리에 무용축제, 리옹 무용의 집 등은 프랑스 안무가들이 세계적으로 인정을 받을 수 있는 공간이었다. 물리적 환경이 개선되자, 수준 높은 작품이 속출했다. 한마디로 수요와 공급이 균형을 이루고, 제작과 유통이 원활하게 이루어지면서 프랑스 춤은 르네상스를 맞았다. 이 시기의 춤을 '누벨 당스^{Nouvelle Danse}'라고 부르며, 1990년대는 그 결실을 이룬 시기였다. 프랑스 무용의 성장은 곧 파리를 세계 춤의 성지로 만드는 원동력이었다. 독일을 거점으로 활동한 바우슈, 포사이스도 파리에서 신작을 발표했고, 최첨단의 실험 무대도 파리에서 첫선을 보였다. 내가 그 현장을 놓치지 않고 지켜볼 수 있었던 것은 큰 행운이었다.

'세기의 안무가' 삼십 인을 좀더 체계적으로 소개하고자 했다면 그들의 인생을 시대순으로 나열한 인물사전을 썼어야 했다. 그러나 이 책은 안무가 삼십 인의 육십여 편 작품에 대해, 공연을 관람한 시점에서 쓴 글을 모았다. 1994년부터 『월간 객석』에 리뷰를 보내기 시작해 파리에서 쓴 글도 있고, 귀국 후 프리뷰 형식으로 내한공연을 앞둔 안무가를 소개한 글도 있다. 이십 년에 걸쳐 썼으니 글의 시점이 오래 지나 시차가 꽤 되는 글도 있다.

삼십 인 안무가의 성姓을 ABC순으로 나열했다. 우연히도 두 거장 피나 바우슈와 모리스 베자르가 처음을 장식했다. 참 다행이다. 세기의 안무가로 맨 처음 꼽고 싶은 인물들이 마침 처음에 등장하니 말이다. 뒤를 이어 킬리안, 프티, 에크 등 모던발레의 거장들과 갈로타, 마랭, 프렐조카주 등 누벨 당스를 대표하는 안무가 등이 이어진다. 그들에 비하면 아직 '세기의 안무가'라고 칭하기엔 부족함이 없지 않은 안무가도 몇몇 있지만 그들 역시 무용사에서 한 획을 긋고 있다.

고마운 분들께 감사의 마음을 전하고자 한다. 우선 삼십 인의 안무가 한 분 한 분께 감사드린다. 그들이 없었으면 난 글을 쓸 수 없었다. 예술가 없이 예술은 세상에 나올 수 없고, 예술을 논할 수도 없다. 감사의 마음과 더불어 존경의 뜻을 전한다.

올해로 102세를 맞으신 '한국예술의 역사' 박용구 옹께서 추천시를 써주셨다. '추천사는 많아도 추천시는 없어'라며 내 이름의 한자를 넣어 과분한 시를 지어주셨다. 노환에도 불구하고 기꺼이 졸필을 칭찬해주시니 그저 송구할 따름이다.

춤쟁이가 글쟁이가 되기까지 도와주신 분들이 많이 있다. 고희 기념 공연 때는 축하글을 제안하셨고, 1주기 추모공연 때는 추모글을 써달라고 유언으로 남기셨던 故 김영태 선생님. 글 쓰는 것에 두려움이 앞서는 내게 늘 큰 용기를 주신 분이다. 글의 흐름부터 외국어 표기까지 서울세계무용축제 이종호 감독님의 글을 보고 많은 공부를 했다. 십 년 전 중앙일보 무용 담당 기자로 알게 돼, 내가 쓴 글에 비판과 격려를 아끼지 않은 최민우 기자에게도 고마운 마음을 전한다. 아울러 파리통신원으로 시작해 자문위원으로 활동하기까지 오랜 시간 함께한 『월간 객석』 관계자 여러분, 부족한 안목을 늘 믿고 지면을 할애해주신 중앙SUNDAY 정형모 부장님, 열악한 출판 환경에 선뜻 무용책을 내주신 이콘출판 김승욱 대표님, 기획부터 출판까지 꼼꼼하게 챙겨주고 묵묵하게 기다려주신 한지완 대리님께 감사드린다. 또한 흔쾌히 사진을 제공해주신 LG아트센터, 성남문화재단 관계자 여러분께 감사의 마음을 전한다.

또한 지금까지 가르침을 주신 스승, 무용계에 함께 몸담고 있는 선배, 친구, 후배들께도 진심으로 감사한다. 마지막으로 누구보다 이 책이 나오길 간절하게 기다려온 가족과 딸 이루에게 고마움과 사랑의 마음을 전한다.

2015년 늦가을
장인주

CONTENTS

1 피나 바우슈 Bausch Pina

1940~2009

희망으로 실려온
리스본발 훈풍

: 마주르카 포고
Masurca Fogo

1998년 4월 4일
베를린 샤우스필하우스 초연

2003년 4월 26일
LG아트센터 관람

피나 바우슈는 인상적인 무대를 보여주는 것으로 유명하다. 그녀의 공연은 언제나 막을 올린 채 관객을 맞이한다. 극장에 들어섰을 때 받는 무대에 대한 첫인상으로 이미 작품에 대한 이미지를 오십 퍼센트는 마음속에 새기게 된다. 그 순간 벌써 피나 바우슈의 의도를 강렬히 느낄 수 있기 때문이다.

1991년 파리 테아트르 드 라 빌에서 관람한 〈팔레르모 팔레르모〉(1989년 초연)의 무대는 특히 인상적이었다. 객석에 들어서며 벽돌로 쌓아 올린 벽으로 막혀 있는 무대를 보는 순간 놀라지 않을 수 없었다. 무대 전면을 벽으로 막아버리고 어떻게 작품을 시작할지 몹시 궁금하고 걱정스러웠다. 드디어 객석이 어두워지며 관객들이 서서히 무대에 주목하던 어느 순간, 갑자기

정면의 벽이 무대 뒤로 완전히 무너져내렸다. 순식간에 일어난 일이라 관객들이 깜짝 놀란 채 소리도 지르지 못하고 있는 동안, 서서히 연기가 가시면서 무대는 너무나도 훌륭한 폐허의 모습을 드러내고 있었다. 그 폐허 속에서 한 여자가 비명을 지르며 튀어나오고, 공연은 본격적으로 시작되었다. 팔레르모는 시칠리아 섬의 옛 수도이다. 화려했던 과거를 추억하며 현재의 삶을 살아가는 이탈리아인들의 모습을 그 이상 더 잘 표현할 수는 없었을 것이다. 공교롭게도 베를린장벽이 무너진 해에 만들어진 작품이라 더욱 강렬한 인상을 남겼던 것 같다.

이처럼 경이롭고 혁신적인 무대를 만드는 데는 피나 바우슈의 반려자이기도 한 무대디자이너 롤프 보르칙과 그뒤를 이은 페터 팝스트의 아이디어가 큰 힘이 되었다. 무대 전체를 빨간 흙으로 덮었던 〈봄의 제전〉(1975), 무대를 물로 채운 〈아리앙〉(1979), 수천 송이의 카네이션을 세워놓은 〈카네이션〉(1982), 숲을 뒤덮는 하얀 눈과 무대 위를 활보하는 백곰이 등장하는 〈탄자밴트 II〉(1991), 모래사장과 무대의 절반을 차지할 만큼 커다란 난파선 반쪽으로 꾸며진 〈배와 함께〉(1993), 무대 위로 솟아오른 섬에 웅장한 폭포수가 쏟아져내리는, 오스트리아 빈을 소재로 한 〈하나의 비극〉(1994), 숲속 풍경의 LA 소재 〈오직 그대^{Nur Du}〉(1996) 등, 극장 문을 열고 들어서며 만났던 아름다운 풍경을 추억하는 것만으로도 지금 이 순간 흥분된다.

물론 무대는 피나 바우슈가 창조한 '탄츠테아터^{Tanztheater}' 장르의 한 구성요소에 지나지 않는다. 그녀는 '대사가 있으면 연극이고, 동작을 보여주면 무용이다'라는 관념에서 완전히 탈피해 '음악에 맞추어 동작 짜맞추기'라는 기존의 안무방식에 혁명적 변화를 가져왔다.

> "나와 같이 작업하는 무용수들은 그들이 움직이지 않을 때 가장 위대한 춤을 추고 있어요."

어찌 보면 우리의 정중동靜中動 개념과 일치할 수도 있는, 이러한 생각에서 출발한 바우슈의 안무철학은 그녀만의 확고한 스타일로 자리잡게 되었고, 1978년 작 〈콘탁토프〉에서 '바우슈식의 탄츠테아터', 연극과 무용의 혼합체는 완성되었다. 새로운 양식을 통해 바우슈는 전쟁으로부터 상처받은, 그래서 정체성을 잃어버린 현대인들의 고뇌를 '폭력'과 '유머'로 풀어나갔다. 남성적 근육을 드러낸 여성 무용수들의 거친 몸동작이나 드레스를 걸쳐 입은 남성 무용수들의 부드러운 움직임 앞에서는 성적 관념까지도 발가벗겨졌다. 일부에서는 단순히 사도-마조히즘을 다룬 것으로 빗대거나 노출증 환자들의 발광이라고 폄훼하기도 했지만, 거기엔 전쟁의 상처로 인한 극도의 고독과 상실감, 암울한 추억, 강한 아픔 등을 사이코드라마의 형식을 통해 솔직하게 드러냄으로써 치유해보려는 그녀의 철학이 깊이 자리잡고 있었다.

생명을 흠모하는 낙관주의로의 전환

피나 바우슈의 세번째 내한공연작 〈마주르카 포고〉는 포르투갈 리스

본을 소재로 한 작품으로, 바우슈의 이전 작들과 구분되는 새로운 유형의 전기가 되어 초연 때부터 세계적인 주목을 받았다.

1986년 로마를 소재로 한 〈빅토르〉를 시작으로 세계 도시 풍경 시리즈를 만들고 있는 바우슈는 제목에서 암시하듯—'마주르카 포고'는 '불타는 마주르카'를 의미한다—강렬하고 열정적인 리스본의 햇빛과 정열을 고스란히 무대에 옮겨놓았다. 그러면서 그녀는 삼십 년 넘는 안무활동 중에 좀처럼 드러내지 않았던 희망을 강조했다. 바우슈 작품에서 보여주었던 이전의 유머들이 풍자를 곁들인 블랙코미디에 가까웠고, 1980년 롤프 보르칙의 죽음을 맞으며 슬픔을 헤쳐나가는 하나의 방법으로 작품에 의식적으로 밝은 기운을 도입했다면, 〈마주르카 포고〉에서 그녀는 스스로 상처를 치유한 낙관주의자가 되었음을 여실히 보여주었다.

남성으로부터 지배받거나 유희의 대상이었던 여성상은 사라지고 거꾸로 여자들이 남성과의 놀이를 즐기는 듯한 인상은 작품을 전반적으로 밝게 이끌어갔다. 여전히 긴 생머리를 휘날리며 수많은 원피스를 갈아입는 여자 무용수들이 하나의 이미지로 표현되는 안무코드는 달라지지 않았으나, 빨간 풍선으로 비키니를 만들어 입은 여자에게 남자들이 한꺼번에 달려들어 담뱃불로 풍선을 터트리는 장면만 제외한다면 여성에 대한 정의는 샴푸로 머리 감기, 욕조에서 설거지하기, 물개와 함께 비닐주머니에서 수영하기 등 물을 모티프로 한 이미지 속에서 희망적인 유희의 주체로 승화되었다.

페터 팝스트가 디자인한 무대는 이러한 특징을 강조하는 데 큰 몫을 했다. 무대 뒷면을 차지한 암벽과 이를 둘러싼 만화경 모양의 흰색 상자를 처음 대했을 때는 다른 작품들에 비해 미약한 무대가 아닐까 싶은 의구심도 없지 않았지만, 그 위에 비추어지는 영상들과 파두Fado의 선정적이면서도 열정적인 선율이 합쳐지면서 바닷속 황홀한 풍경이 연출되었다. 흰색과 원색의 만남은 고참 무용수인 도미니크 메르시의 유연한 솔로와 오버랩되면서 절정에 달했다. 해변가를 누비는 모피코트를 입은 여자, 설탕을 몹시도 좋아하는 여자의 맛난 커피 한잔, 깨진 수박을 먹는 닭, "이리 와! 키스해줄게!"라고 외치며 끊임없이 이성을 갈망하는 여자 등 우스꽝스러운 해프닝은 이어지고, 피날레가 수화手話에서 모티프를 가져온 듯한 팔동작으로 끝을 맺던 전작들과 달리 바다, 파도, 꽃, 수중으로 이어지는 풍경이 펼쳐지며 마무리되었다.

〈마주르카 포고〉가 희망을 표현한 작품이라는 점에서, 최근 개봉된 영화 〈그녀에게〉에서 페드로 알모도바르 감독이, 여주인공이 의식불명의 상태에서 깨어나 새로운 삶을 꿈꾸는 마지막 장면에 이 작품을 삽입한 것은 매우 적절했다. 작품 도입부에서, 일곱 명의 남자 무용수들이 나란히 누워서 하늘로 뻗은 팔을 이용해 유연하게 여자 무용수를 왼쪽에서 오른쪽으로 이동시키는 장면은 마이크를 통해 뿜어져나오는 여자의 고통 어린 신음과 함께 생명력을 전달했다.

피나 바우슈의 작품을 보면서 안무 동작을 분석한다거나 해프닝의 내용을 이해하려는 노력은 큰 의미가 없다. 그녀가 제안한 여행에 마음을 열고 동참하는 것이 가장 최상의 감상법일 것이다. 바우슈의 여행에는 애틋한 사랑도 있고, 끈적끈적한 애환도 있고, 무엇보다 끝없이 펼쳐지는 풍경이 있으니까.

바우슈의
몸의 언어로 표현해낸
한국의 흥과 한,
그리고 사랑

: 러프 컷
Rough Cut

2005년 4월 15일
베를린 국립극장 초연

2005년 6월 22일
LG아트센터 관람

무용과 연극의 경계를 허문 장르 '탄츠테아터'를 발전시킨 독일 출신의 거장 안무가 피나 바우슈의 네번째 한국 나들이. 특히 이번엔 한국을 소재로 한 신작을 선보인다는 점에서 의의가 크다. 제목은 '러프 컷'.

바우슈는 1986년부터 팔레르모, 빈, 리스본, 홍콩 등 도시와 국가를 소재로 연작을 만들어왔다. 그 열세번째 작품인 〈러프 컷〉은 줌렌즈에 포착된 우리의 정서를 열여섯 명의 무용단원 한 명 한 명이 스케치해낸 듯한 모습이다. 빠른 속도로 티슈통의 휴지를 뽑아내는 페르난도 수웰의 손놀림에 장구와 북을 두드리는 농악단의 '흥'이 묻어나고, 산조에 맞춘 라이너 베어의 열정적인 솔로에는 '한'이 녹아 있다. 우리 어머니들의 깊은 사랑은 한국인 단원 김나영이 부르는 자장가 속에 흥건하게 넘쳐난다.

바우슈는 무대의 배경을 통해 작품의 방향이 잘 드러나도록 설정해왔다. 이번에도 '자연'에 동화된 '사람'의 모습을 정겹게 나열했는데, 무대 전면을 깎아지른 듯 가파른 흰색의 암벽으로 메워 등반가의 의지와 힘을 드러나게 했고, 그 위에 투사된 산과 바다의 영상은 〈마주르카 포고〉에서 그랬듯, 인간의 자연회귀본능을 자극하고 있었다.

길게 풀어헤친 머리에 긴 원피스 차림의 여자 무용수들과 속도감에 힘이 넘치는 남자 무용수들이 어우러져 남녀관계에서 생길 수 있는 온갖 감정을 표현해낸다. 진달랫빛 사랑은 욕망의 불꽃놀이(영상) 속에서 상실과 고독으로 환원된다.

치마를 뒤집어쓴 아낙네들, 배추 속에 절여진 '김치맨'은 한국적 소재가 물씬 풍겨나오는 대목이다. 그러나 바우슈의 작품이 은유적이고 풍자적인 만큼, 우리의 정서를 표현한 다국적 무용수들의 몸의 언어는 직설적이지 않다. 가사 내용과는 상관없이 김민기, 어어부 프로젝트의 음악이 전달하는 멜로디에 영감을 받은 여러 감도의 회전이나 무대를 거세게 가르며 미끄러지는 장면은 특히 인상적이다.

굴절과 흐름이 강한 몸짓은 장면 연출이 많았던 바우슈의 후기 작품에 비해 '움직임'으로의 회귀를 증명하는 듯해 반가웠다. 더욱이 우리말 가사의 서정미와 춤의 조화는 한국인 관객만이 향유할 수 있는 복합적인 감동이 아닐까.

연륜 속에 진화하는
바우슈의 도시들

:네페스
Nefes

2003년 3월 21일
부퍼탈 오페라극장 초연

2008년 3월 13일
LG아트센터 관람

한국을 소재로 한 〈러프 컷〉에 이어 터키 이스탄불을 배경으로 피나 바우슈가 돌아왔다. 독일 표현주의 현대무용을 생소하게만 느꼈던 1970년대 이후 오랫동안 국내에서 만나볼 수 없었으나, LG아트센터 개관 공연이었던 〈카네이션〉을 계기로 네 번의 내한공연을 가지며 한국과 친근한 대표적인 현대무용계의 거장으로 꼽히는 피나 바우슈. 다양한 국적의 단원들이 세계 각국의 독특한 문화를 체험하며 개별적인 사고와 주관적인 추억으로 풀어내는 도시 시리즈는 이제 바우슈의 대표 연작으로 꼽힌다.

도시 시리즈의 첫 작품 〈빅토르〉를 선보인 지 어느덧 이십여 년이 지났다. 그동안 현대의 세계 풍속도는 어떻게 진화했을까. 초기작에서 강조했던 사회 투시와 정치적 비판을 담은 비명은 사라지고, 일상과 삶의 희망을 담은 회유의 노래가 가득했다. 이라크 전쟁 발발 이후 '인간의 고통을 직시하기보다 치유하기 위해 안무한다'는 바우슈의 주장대로, 전후 독일의 상황을 고통과 죽음으로 보여주었던 춤과 연극의 결합체 '탄츠테아터'도 함께 진화하고 있었다.

열한번째 도시 시리즈 〈네페스〉에서는 바우슈의 다른 작품들과 크게 다른 두 가지 특징이 눈에 띄었다. 우선 무대. 총체예술 측면에서 자신만의 주제 접근법을 제시했던 바우슈는 관객에게 다가가기 위해 '사실주의적 묘사'를 강조하는데, 보통은 이 사실적 무대가 공연 시작 전부터 관객을 압도한다. 때문에 바우슈를 아는 관객이라면 막이 오르기 전 무대 전체를 벽돌로 쌓거나 대형 선박을 반으로 잘라 무대를 채우는 상상 초월의 장치를 기대하기 마련이다. 그런데 이 작품에서는 검은 배경막과 무대 왼편에 자리한 두 개의 흰 커튼이 전부였다. 〈마주르카 포고〉에서는 영상 투사를 위한 흰 벽이 오히려 강한 인상을 남겼지만 이번엔 그런 식의 감동도 없을 것만 같았다. 과거와 현재, 동양과 서양, 기독교와 이슬람교, 영화와 빈곤, 지중해와 사막 등, 터키의 이중적 조화에 대한 상징적 표현을 기대했던 관객에게는 밋밋한 무대였다. 그러나 작품 중반에 이르러 이러한 실망감은 놀랄 만한 반전으로 이어졌다. 움푹 파인 듯한 무대 중앙으로 물이 차오르기 시작한 것이다. 사랑을 나누는 남녀 한 쌍의 축배와 함께 서서히 차오른 물은 무대 절반가량을 덮는 호수가 되었다.

바우슈는 꾸준히 물의 이미지를 표현해왔다. 〈네페스〉에 앞서 브라질을 소재로 〈물Água〉을 발표하기도 했지만, 그전에도 그녀는 암울한 시대의 잔상을 언제나 물로 씻어왔다. 양동이나 욕조에 담긴 물을 통해 때로 무용수의 존재 의미까지도 담아내곤 했다. 그러나 이번 작품에서는 차원이 달랐다. 사막에 물이 차오르듯 없었던 호수가 생기고 하늘에서 폭포가 쏟아지는 반전과 바다의 영상을 통해 그녀는 터키의 양면성을 보여주고 있었다.

두번째 특징은 바우슈의 후기작 중 가장 춤이 많았다는 점이다. 언제나처럼 강렬한 솔로, 애정이 묻어나는 남녀 듀엣과 피날레 군무로 구성된 춤은 피아졸라의 탱고에서 어어부 프로젝트의 음악에 이르기까지, 다양한 음악을 배경으로 흥을 돋우었다. 최근 몇 년 사이 단원의 세대교체가 이루어지면서 남성 무용수들이 놀라운 솔로를 보여주었는데, 이번 작품도 예외는 아니었다. 특히 폭포와 함께한 남성 솔로는, 고통스레 울부짖거나 탄성을 지르는 어떤 연기보다도 강렬한 카리스마를, 춤을 통해 내뿜었다. 해프닝이 만들어내는 시각적 이미지는 모두 춤이 대신했다. 인종차별, 남녀차별 등 사회적 이슈를 담은 에피소드는 사라지고, 극의 형태도 소극적으로 드러났다. 폭력을 유머로, 고독과 상실감을 풍자로 풀어내던 위트 대신, 세 시간 내내 '평온함'이 자리했다. 고희를 앞둔 연륜이 냉소주의자 바우슈를 낙관주의자로 만든 것일까. 1999년 〈마주르카 포고〉를 전환점으로, 스스로 상처를 치유하기 위해 상처의 원인을 캐내고 드러내기보다 유희와 놀이로 달래고 덮어주는 성향은 그 정점을 맞은 듯했다. 춤이 곧 평온함을 되찾는 유일한 방법이었다.

그러나 여전히 작품 전반에 흐르는 에로티시즘은 변하지 않은 '바우슈 양식' 중의 하나. 긴 머리에 긴 드레스를 입은 여인들은 매혹적이었고, 목욕탕에서의 거품 장면, 설거지하는 여인을 애무하는 남성, 남성 사이를 기어다니는 여인들의 행렬, 남녀 듀엣마다 드러나는 유혹적인 시선, 긴 머리를 탄력 있게 빗질하는 여인들은 모두 관능미가 흘러넘쳤다. 카페 장면이나 자동차의 질주를 담은 영상이 진부하게 느껴진 것 역시 육체 표현을 더욱 강조했기 때문은 아니었을까.

우리는 벌써
그녀가 그립다

: 카페 뮐러
Café Müller

1978년 5월 20일
부퍼탈 오페라극장 초연

1993년 6월 23일
파리 테아트르 드 라 빌 관람

2010년 3월 18일
LG아트센터 관람

: 봄의 제전
Frühlingsopfer

1975년 12월 3일
부퍼탈 오페라극장 초연

1993년 6월 23일
파리 테아트르 드 라 빌 관람

2010년 3월 18일
LG아트센터 관람

2010년 탄츠테아터의 창시자 피나 바우슈의 초기작 두 편이 한국을 찾았다. 2009년 6월 바우슈가 갑작스레 세상을 떠난 여운이 남아서일까. 작품을 통해서라도 그녀를 만날 수 있다는 설렘보다 그녀의 빈자리로 인한 허전함이 더 큰 무대였다.

〈카페 뮐러〉는 바우슈가 어린 시절을 보낸, 부모님이 운영하던 카페를 배경으로 한다. 모더니즘이 남아 있던 은유적이고 서정적인 표현양식으로부터 완전히 벗어나 인간의 고뇌와 삶의 화두를 직설화법으로 표현하는 '탄츠테아터' 탄생의 전조로 잘 알려진 이 작품은, 〈봄의 제전〉과 함께 이십여 년 전부터 꾸준하게 무대에 오르고 있다.

무심하게 돌아가는 회전문을 배경으로, 무

대를 가득 채운 낡은 의자와 탁자. 그 틈을 헤집고 무언가를 찾아 방황하는 현대인의 고독감은 사십오 분간 이어지는 퍼셀의 음악 속에 핍진하게 녹아 있었다. 남녀 간의 사랑과 그 속에 녹아 있는 갈등과 애증은 반복적인 동작과 허공을 떠다니는 듯한 여인의 팔동작을 통해 허전함을 더했다.

초연 당시 바우슈가 맡았던 역은 헬레나 피콘이 대신했다. 바우슈의 환영을 보듯 비슷한 외모와 집중력 강한 그녀의 자아표현은 기대에서 크게 벗어나지 않았다. 특히 현재 공동 예술감독이면서 초연 때부터 바우슈의 곁에서 평생을 함께한 프랑스 출신 무용수 도미니크 메르시의 출연은 극의 완성도를 높이는 데 큰 몫을 했다. 움직임 하나 없이 춤출 수 있다는 우리 명인들이 보여주었던 것과 같은, 내공 깊은 숨결을 여전히 느낄 수 있어 고마웠다.

〈봄의 제전〉은 1913년 니진스키 원작이 발표된 이래, 안무가라면 한 번쯤은 꼭 도전해야 할, 하지만 이미 기라성 같은 세계적 안무가들의 걸작이 있기에 신중을 기할 수밖에 없는 20세기 대표작 중의 하나다. 여느 안무가의 해석보다 바우슈의 작품이 손꼽히는 가장 큰 이유는, 무대를 가득 채운 붉은 흙이 주는 생소한 감동 때문일 것이다.

1979년 국내 초연 당시 한쪽 가슴이 드러났다는 이유로 1회 공연 이후 공연 불가 판정을 받았던 과거의 충격과는 다르게, 땀으로 젖은 여인의 몸에 들러붙은 흙은 관능미의 충격을 더해주었고, 상반신을 드러낸 남성의 가슴에 묻어난 흙은 생명을 갈구하는 원초적 욕망에서 비롯된 원시적 충격을 선사했다. 거장의 고전은 삼십 년의 세월 속에 놀랍게 성숙한 우리의 눈높이를 무시하지 않았다. 다만 제물로 바쳐지는 여인 역의 디타미란다 아시피는 실망스러웠다. 무용수의 개성에 따라 표현이 다양한 것은 어쩔 수 없겠지만, 과거 이 역할을 빛냈던 수많은 무용수에 비해 신체적인 왜소함과 부족한 기량은 긴장감 상실로 이어졌다.

바우슈의 타계에도 불구하고 부퍼탈 탄츠테아터는 바우슈가 남긴 작품을 보고 싶어하는 전 세계 관객의 부름에 호응하며 그 명성을 이어갈 것이다. 그레이엄 이후 베자르, 커닝엄 등 20세기를 대표했던 안무가의 연이은 타계 소식에도 불구하고 그들이 남긴 무용단이 꾸준히 활발한 활동을 이어가고 있는 것처럼. 하지만 바우슈가 만들고 발전시킨 '탄츠테아터'의 대단원은 분명 마침표를 찍은 듯하다. 바우슈의 예술혼은 21세기 후배 안무가들이 꽃피울 컨템퍼러리 예술의 뿌리와 양식임에는 분명하지만, 바우슈가 없는 무대는 덜 격정적이었고, 절실함이 부족했다고 평가한다면 지나친 혹평일까. 1990년대 초 처음으로 〈카페 뮐러〉와 〈봄의 제전〉을 보고 느낄 수 있었던 자유로운 영혼들의 고통과 회한은 더이상 남아 있지 않았다.

2 모리스 베자르 *Béjart. Maurice*

1927~2007

혁명의 춤, 베자르

: 1789… 그리고 우리들

1789… et nous

1989년 5월 2일
파리 그랑 팔레 초연

1989년 5월 6일
파리 그랑 팔레 관람

1989년 5월, 파리는 프랑스혁명 200주년을 맞아 도시 전체가 술렁이고 있었다. 혁명 100주년을 기념해서 세운 에펠탑이 파리의 상징이 되지 않았던가. 프랑스인들은 혁명과 관련된 사업에는 남다른 애착을 갖고 있는 듯했다. 프랑스 전역이 축제 분위기로 들떠 있었지만, 특히 수도 파리에는 미테랑 사회당 정부가 준비한 의미심장한 사업들이 연이어 펼쳐졌다. 루브르 박물관 광장의 유리 피라미드, 바스티유 오페라극장과 라 데팡스의 그랜드 아치 등의 대형 기념물 외에도 수많은 전시와 공연의 홍수 속에서 파리는 온통 포스터로 뒤덮여 있었다. 그중에서도 그랑 팔레에서 펼쳐진 '혁명의 춤' 페스티벌에 관한 포스터는 단연 압권이었다. 아무 설명 없이 단지 'BEJART'라고만 적혀 있었는데, 그것은 오히려 프랑스인들이 크게 자부심을 느끼는 혁명

기념에 견줄 만한 그의 명성을 한눈에 알게 해주었으며, 마치 주소나 전화번호 없이 달랑 이름만 적혀 있는 어느 유명인사의 명함을 받아든 것처럼 가슴 설레게 했다.

5월부터 삼 개월간 이어진 페스티벌의 개막작이었던 베자르 발레 로잔Béjart Ballet Lausanne의 〈1789… 그리고 우리들〉에 대한 첫인상은 범상치 않았고, 그로 인해 베자르 작품의 매력이 구체적으로 어떤 것인지 분석할 여유도 없이 마법에 걸린 듯 그의 작품에 탐닉하게 되었다. 그가 쓴 자서전과 희곡을 읽는 것은 물론 그를 가까이에서 보기 위해 출판기념회까지 쫓아다녔고, 20세기 후반을 대표하는 안무가로 주저 없이 그를 처음으로 꼽을 만큼 거장으로서의 경의를 품게 되었다.

스펙터클을 아우르는 탁월한 연출력

〈1789… 그리고 우리들〉은 전시장을 공연장으로 개조한 그랑 팔레의 스케일에서부터 관객을 압도했다. 19세기 프랑스의 대표적 건축물인 거대한 그랑 팔레의 천장이 유리로 덮여 있었기에 공연은 해질 무렵인 저녁 아홉시 삼십분경 시작되었다.

"모든 게 변해야 한다. 육체적·정신적·정치적 순리에 따라서"라는 대사를 외치는 혁명가 로베스피에르를 중심으로 루이 16세와 마리 앙투아네트 그리고 성직자, 귀족, 평민 등의 등장인물들은 '혁명'의 의미에 대해 반복적으로 독백의 춤을 추었다. 루이 16세의 단두대 처형, 삼부회 소집, 바스티유 감옥의 함락, 봉건제 폐지, 입헌군주제 도입 등 역사적인 사건들을 어린이들에게 들려주는 이야기 형식으로 풀어나가는 한편, 수직과 수평으로 무대를 가로지르며 말과 배, 자전거 등의 대형 소품들이 나타났다가 사라지는 등 할리우드 액션영화만큼이나 부산스럽고 산만했다. 시선을 어디에 두어야 할지 모를 정도였다. 이런 특성이 오히려 스펙터클한 웅장함을 내포한 채 완벽에 가까운 타이밍으로 그려질 수 있었던 것은 오직 베자르의 탁월한 연출력 덕분이었다. 대서사극을 지루하지 않게 이끌기 위해 간간이 메시지를 삽입하고 세계 곳곳의 다양한 문화를 나열해, 볼거리를 쫓는 사이, 관객은 자연스레 주제를 이해하게 되는 것이다. 자유·평등·박애 정신을 마리안 그림 한 장에 담아낸 피날레 장면까지 작품은 한달음에 나아간다.

베자르의 천재적인 연출력은 그후에도 〈리벨룽의 반지〉〈돌연사〉〈피라미드〉 등의 대작에서 재삼 마력을 발휘했는데, 무엇보다 다작의 안무가로서 매 작품 철저한 준비와 학습을 거르지 않는 철학적 변신은 경이로웠다. 철학가였던 아버지의 소양을 물려받은 것이라고 이해하기에는 예술적 기질이 월등하게 두드러지는 그의 독특한 예술세계를 한마디로 '은유적 변형'이라고 해야 할까.

아홉 살 때부터 바그너의 음악에 심취했다는 베자르는 〈리벨룽의 반지〉를 연극적 색채가 두드러진 호화로운 무대로 장식했고, 뮤지컬 배우

우트 램퍼를 등장시킨 〈돌연사〉는 지아니 베르사체의 의상과 함께 희극과 비극을 절충한 한 편의 영화가 되었으며, 이집트의 역사를 다섯 장으로 구분한 〈피라미드〉에서는 보나파르트, 디오니소스, 파라온 등의 인물들을 등장시켜 보기 드물게 서술적 표현을 시도했다.

베자르의 변신은 무용에서뿐만이 아니었다. 오페라나 연극과 같은 타장르를 오가면서 탈장르와 다문화주의를 추구하는 예술총체주의의 선두주자로서의 그의 활약은 단연 눈이 부셨다. 어린 시절 가졌던 연극배우의 꿈을 버리지 못한 것일까. 베자르는 무용수로서 꽤 일찍 은퇴했지만 배우로서는 최근까지도 무대에 섰다. 질 로망, 필립 올자와 함께 꾸민 〈A-6-Roc〉은 무대가 아닌 희곡으로 접했지만 표범을 닮은 카리스마 넘치는 눈매와 턱수염 사이로 드러난 미소가 묘하게 어우러진 베자르의 모습을 실감나게 하는 작품이었다.

베자르 〈볼레로〉의 적자適者 조르주 돈

그의 오랜 친구이자 20세기 발레단의 대표 인물이었던 조르주 돈을 주인공으로 한 〈니진스키… 신의 광대〉는 연극적 요소가 강한 베자르 드라마의 대표작이라 할 수 있다. 1990년 크리스마스이브, 발레 뤼스의 전설이 담긴 샹젤리제 극장에서 만난 〈니진스키… 신의 광대〉는 사랑과 죽음, 무용수와 광대, 조르주 돈과 시프 린코프스키로 이어지는 이분법의 향연이었다. 아르헨티나 억양이 묻어나는 조르주 돈의 말투가 어색한 것은 사실이었지만, 오랜 세월 베자르의 예술과 함께해온 그였기에 불운한 천재 니진스키의 모습을 완벽하게 소화해내고 있었으며, 니진스키의 자서전을 통해 드러난 흥행사興行師 디아길레프의 괴팍한 성격과 놀라운 기획력 역시 실감이 났다. 니진스키가 가졌던 사랑에 대한 애절한 동경까지도.

조르주 돈의 모습은 그후 더이상 무대에서 볼 수 없었다. 그로부터 이년 후 에이즈로 세상을 등졌다는 소식을 듣고 나서야 니진스키의 모습에 오버랩되었던 그의 모습이 새삼 서글프게 떠올랐다. 남자는 물론 세계적인 여자 무용수들까지도 줄지어 도전한 〈볼레로〉를 가장 잘 소화한 장본인으로서 니진스키가 가졌던 서글픔을 이미 체화하고 있었던 것은 아니었을까.

베자르의 작품은 대체로 총천연색의 의상이나 무대와는 반대로 어둡고, 심각한 편인데, 그러면서도 아이러니컬하게도 대중적인 감각을 놓치지 않는다. 그가 상업적으로 실패하지 않는 데는 변하지 않는 그만의 독특한 관점이 숨겨져 있는 것은 아닐까? 청바지 차림으로 아홉 편의 의식을 담아 1967년 아비뇽 페스티벌에서 첫선을 보였던 〈현재를 위한 미사〉가 모던발레의 역사에 큰 획을 그으며 시대의 한 페이지를 장식했다면 〈볼레로〉(1960)는 그만큼 깊이 있는 주제를 다루지는 않았지만 상업적으로 놀라운 기록을 세웠다. 그것은 귀족의 발레를 대중의 춤으로 바꿔놓은, 일생을 통해 시도해온 베자르의 또다른 변형이었다.

모리스 베자르가 해체한
베토벤 교향곡 9번

: 베토벤 교향곡 9번
The Symphonie

1964년 10월 27일
브뤼셀 왕립 서커스극장 초연

1996년 7월 12일
파리 바스티유 오페라극장 관람

프랑스 출신의 세계적인 안무가 모리스 베자르와 베토벤이 프랑스 파리에서 만났다. 베자르는 1964년 초연작 〈베토벤 교향곡 9번〉을 재구성해 1996년 5월 첫 무대를 올린 후, 7월 14일까지 파리 바스티유 오페라극장에서 9회에 걸쳐 공연했다.

내년에 고희를 맞는 베자르의 이번 공연은 파리에서 있었던 여느 공연과는 다른 몇 가지 특별한 의미를 갖고 있다. 고국의 발레단임에도 그동안 외면해왔던 파리 국립 오페라발레단과의 작업이라는 점과―물론 1986년까지 〈아레포Arépo〉를 비롯, 간간이 신작을 발표하는 등 완전히 단절된 관계는 아니었다―동포애와 화합을 주제로 한 작품을, 1789년 혁명의 중심지였던 바스티유 광장에 세워진 오페라극장에서 프랑스혁명 기념일인 7월 14일 무료 공연으로 올린 점―오페라극장은 매년 혁명 기념일의 낮 공연을 무료로 기획하고 있다―그리고 베자르 자신이 재구성에는 별 흥미가 없음을 밝혔음에도, 1964년 20세기 발레단에 의해 브뤼셀에서 초연된 이후 1978년 모스크바에서의 공연을 끝으로 다시 무대에 올린 적이 없는 〈베토벤 교향곡 9번〉을 재구성했다는 점이 그렇다.

이번 무대는 안무 측면에서는 1964년 초연 당시와 크게 다르지 않다. 하지만 몰리에르 우수 연극배우상을 수상한 바 있는 연극배우 디디에 상드르가 무대에 올라 니체의 목소리^{실러의 시에 근거한 낭송}를 연기하는 프롤로그를 덧붙여, 막이 오르는 첫 장면부터 강한 메시지를 전달하고 있었다(디디에 상드르는 베자르의 1986년 작품 〈성 세바스티앙의 순교〉에서 황제 역을 맡은 바 있다).

이어서 흑인 무용수들이 등장, 타악기 연주에 맞추어 무대 상단을 자유롭게 가로질러 움직임으로써 엄숙한 제식이 시작됨을 암시했다. 이들의 움직임은 아프리카 민속춤에서 크게 벗어나지 않았다. 베자르가 특별히 발레단 측에 흑인 무용수를 삼십여 명 정도 구해줄 것을 요구했던 것은, 마침 혁명 기념일 즈음 방문했던 쿠바에서 만난 흑인 무용수들의 춤추는 모습에서 받은 영감을 그대로 옮기고 싶어서였다고 한다. 베자르는 초연 당시부터 여러 인종이 한 무대에서 이루어내는 센세이셔널한 장면을 고수해왔다.

곧이어 교향곡 9번의 첫 음이 연주되고, 황금빛 팬츠나 레오타드^{무용수}

^{들이 입는, 아래위가 붙어서 몸에 달라붙는 의복}만 입은 채 유연하게 움직이는 열네 쌍의 젊은 무용수들이 합세해 인류의 탄생에 대한 환희의 외침을 온몸으로 연출해 냈다.

음악의 4악장 형식을 그대로 가져와 프롤로그를 포함 4장으로 구성된 이 작품은, 베토벤이 이 곡을 무용을 위해 작곡한 것이 아닐까 하는 착각을 불러일으킬 정도로 음악과 무용이 하나의 에너지로 움직이고 있었다.

안무가는 장면마다 다른 색채를 이용해 이를 잘 묘사했다. 1장은 알레그로로 우주 탄생의 리듬을 잘 표현해냈고, 2장에서는 비바체로 고조되면서 붉은색의 조명과 의상이 강조되는 가운데, 토슈즈를 신고 움직이는 여자 무용수들의 움직임 속에서 솔로 무대와 파드되^{Pas de Deux, 이인무}가 절정을 이루었다. 3장에서는 아다지오에 어울리는 푸른빛 조명과 흰 의상이 '사랑'을 표현했으며, 마지막 4장에서는 무대 전체가 화합을 표현하는 강한 힘으로 마무리되었다.

무대 뒤편 상단에 위치한 오케스트라와 성악 솔리스트, 합창단과 무용수 모두가 노란색 옷을 입어, 지금까지의 각각 다른 모든 요소들이 하나로 합쳐지는 모습을, 그리고 세계는 하나이며 모두가 친구이고 형제임을 암시했다. 팔십여 분에 걸쳐 그리스 비극이나 종교 의식에서나 볼 수 있을 것 같은 장면들이 이어졌다. 그것은 베자르의 수작으로 꼽히는 〈봄의 제전〉에 버금가는 진한 감동의 제식이었다.

세계 25개국을 상징하는 무용수들 중에서 흑인 여자 무용수의 솔로가 펼쳐졌는데, 그것은 전 세계인이 결국 한 형제임을 다시 한번 사실적으로 묘사하는 장면에 다름아니었다. 베자르 자신이 공연 프로그램에 인사말 대신 "거리에서 만나는 사람 또는 인생에서 만나는 사람 모두가 나의 형제이다"라고 썼듯이 이번 무대의 주제는 처음부터 끝까지 'We are the world'에 맞추어졌다.

무대 바닥에는 17세기 보샹-푀이에 무보법舞譜法에서 봄직한 도안이 그려져 있었는데, 원을 많이 이용하는 동작이나 대칭으로 구성된 동선 등이 이를 잘 활용하고 있어 하늘과 땅과 자연이 한 평면에 오른 듯한 압축미를 보여주었다.

이번 무대에서 가장 눈에 띄었던 것은 의상과 무대, 조명을 맡은 로제 베르나르의 작업으로, 그는 바스티유 극장이라는 웅장한 무대의 특성을 잘 살려, 단순하면서도 절제된 공간을 성공적으로 재현해내고 있었다. 삼층으로 이루어진 무대 뒤의 이층에 오케스트라를 배치함으로써 무용수의 공간이 월등히 넓어졌고, 4장에서는 합창단이 무대 뒤쪽을 가득 채워 입체적이면서도 흡인력 있는 무대를 디자인했다.

삼십여 년 전의 안무이기 때문에 지금의 시각으로는 세련되지 못한 부분이 드러날 수밖에 없었던 점은 아쉬움으로 남는다. 드라마틱한 표현을 잘 소화해내는 것이 파리 국립 오페라발레단원들의 강점인데, 이번 작품에서는 무대 바닥에 그려진 동선을 정확히 지켜야 하는데다 음악의 흐름에 완벽하게 맞추어야 했으므로, 지나치게 절제된 표현이 시대에 뒤진 듯 느껴졌다. 때문에 기교 면에서 억압받고 있는 듯한 인상마저 남았다.

5월 27일 르 피가로는 "베토벤이 9번 교향곡을 발표하던 1824년 당시 관객 전원이 기립박수를 보냈던 장면과 24일 바스티유 극장에 모인 관객의 반응에서 같은 감흥을 느꼈다"며, 이 작품이 지난 열여덟 혜 동안 재연되지 않았던 것을 안타까워했다.

베토벤이 마지막으로 작곡한 교향곡 9번은 그의 교향곡 중 가장 길이가 긴 작품으로, 연주 시간이 한 시간이 넘는다. 실러의 「환희의 송가」에 곡을 붙인 이 작품은 작곡 이후 무대에서 연주되기까지 많은 어려움이 따랐는데, 당시 로시니의 음악에 심취해 있던 관객들에게 끝부분에 성악 파트까지 있는 교향곡은 상당히 부담스러웠기 때문이다. 그러나 1824년 5월 7일 마지막 4악장이 연주되고 기쁨으로 열광하는 합창이 울려퍼지면서 음악은 연주회장을 압도했고, 당시 청각장애로 전혀 듣지 못하던 베토벤을 향해 관객들은 모자나 손수건을 던져 환호했다.

베자르는 '합창'을 어떻게 춤과 결합했는가

1964년 베자르는 우연한 기회에 이 작품을 안무하게 되었다고 한다. 당시 친구들과 음악에 대해 이런저런 이야기를 나누던 그는 '왜 베토벤 교향곡 9번에는 춤추지 않는가?'라는 엉뚱한 질문을 받았고, 즉시 집으로 돌아와 음악을 듣고는, 이 작품이 무용을 위한 최고의 명곡이라고 느꼈다고 한다.

"베토벤의 음악에는 생각이나 줄거리가 들어 있는 것이 아니라 바로 그 모든 것을 위한 양식이 들어 있다"는 말대로, 그는 안무를 위해 오케스트라 악보를 오랜 시간 들여다보았다고 한다. 자신의 악보 읽는 속도가 어린아이 수준이라며 겸손하게 말했지만, 어쨌든 그는 악보를 보며 작품의 기본 구조와 주제의 기起와 결結을 찾았고, 악기별 특성과 변주 등을 공부했다.

발레화하는 작업에서 그는—버릇인지는 모르겠으나—우선 전체 군무음악을 정하고 여자 군무와 남자 군무, 솔로 부분의 음악을 정했다. 안무 동작에 대한 아이디어가 전혀 없는 상태에서 악보 읽기와 무용수의 분배 및 배치를 먼저 고민했다.

이렇게 만들어진 작품을 그는 결코 '무용'이라고 부르지 않는다. 그는 이를 '무용으로 구성된 콘서트' 또는 '무용이 만들어내는 음악'이라고 표현한다. 악보의 음표 하나하나에 충실하게 만들어진 그의 작품은, 베토벤의 이 교향곡이 무용을 위한 곡이라고 착각할 정도로 음악과 완벽하게 결합했으며, 교향곡이 주는 감동을 배가시킨 성공적인 작품으로 평가받았다.

우연히 안무를 하게 된 것처럼, 베자르가 작품을 재구성하게 된 것 역시 특별한 애착 때문은 아니었다. 이번 작업은 호주 발레단에서 먼저 제안이 들어온데다, 이후 파리 국립 오페라발레단장 브리지트 르페브르의 간곡한 부탁에 따른 것이었다. 하지만 자신의 발레를 무보법으로 기록하는 것을 좋아하지 않는 그가 남아 있는 기록이 없음에도 불구하고, 비디오테이프에 남아 있는 삼십이 년 전의 기록만 보고 동작 하나하나를 섬세하게 재연해낸 것을 볼 때, 이 작품에 대한 남다른 애정을 갖고 있었음을 짐작할 수 있다.

그에게 4장의 베이스, 테너, 소프라노, 알토가 함께 어우러지는 화합의 순간은 가장 어려운 작업이었다. 군무와 솔로가 함께 움직여야 하므로 '발레 교향곡'이라는 장르에 보다 충실했는데, 오늘날 새롭게 재구성된 작품에서도 이 부분이 강하게 드러나 있음을 느낄 수 있었다. 이는 베자르 작품에서 줄거리가 없이 음악에만 충실한 보기 드문 작품이다.

이번 공연에서 뛰어난 기량을 보여준 무용수로는 롤랑 힐레르를 꼽을 수 있다. 그는 초연 당시 조르주 돈이 맡았던 베이스의 목소리를 연기했는데, 테너를 맡았던 파트릭 뒤퐁의 불어난 체중, 둔탁한 움직임과 비교되어 더욱 돋보였다. 그는 무대 위에서 귀족적인 매력을 가진 날렵한 용사의 이미지로, 특히 4장에서의 광적인 감정연기로 주목을 받았다.

또한 아직 에투알Étoile. 최고 등급 무용수은 아니지만 아녜스 르테스튀, 미테키 쿠도(발레리나 노엘라 풍투아의 딸)의 실력 또한 엘리자베트 모랑이나 프랑수아즈 르그레와 비교해 결코 뒤지지 않았다.

관객의 입장에서는 파리 국립 오페라발레단과의 작업 이후 베자르가 이 발레단에 대해 갖게 된 인상 역시 관심의 대상이었다.

"〈봄의 제전〉이나 〈볼레로〉를 안무하던 당시와 비교하면 무용수들의 기량은 놀랍게 발전했다. 포사이스, 뉴마이어, 에크, 프렐조카주에 이르기까지 다양한 안무가들의 수많은 작품들을 소화해내며 쌓아온 완숙미를 느낄 수 있다. 그러나 오페라극장 행정가들의 생각은 전혀 바뀐 것이 없다. 그들에 비하면 나는 촌사람에 불과하고, 앞으로도 촌사람으로 살아갈 것이다."

베자르는 프랑스가 자랑하는 세계적인 안무가다. 하지만 정작 본인은 "나는 프랑스 사람이 아니라, 마르세유 사람입니다"라고 말할 정도로 프랑스의 문화행정에 적응하지 못하고, 오히려 벨기에와 스위스를 거점으로 활동을 해왔다. 1989년 프랑스혁명 200주년 기념 공연을 비롯해 프랑스 문화사의 중요한 작품을 모두 수락하면서도 정착만은 꺼려온 이유를 이번 공연을 통해 재확인할 수 있었다. 베자르에게 있어 프랑스는 가까이하기엔 너무 먼 모국이었다.

전쟁이 아니라
사랑을…

: 삶을 위한 발레
Ballet for Life

(원제 : 사제관은 그의 매력을
하나도 잃지 않았다.
강렬한 빛의 정원까지도
Le presbytère n'a rien perdu
de son charme, ni le jardin de
son eclat)

1997년 1월 17일
파리 샤이오 극장 초연

1997년 2월 8일
파리 샤이오 극장 관람

2001년 11월 3일
세종문화회관 관람

지난 11월 5일 세종문화회관 대극장에서 막을 내린 스위스 베자르 발레 로잔의 〈삶을 위한 발레〉는 대중성과 예술성을 함께 보여준 근래 보기 드문 무대였다.

영국 그룹 '퀸'의 음악에 맞춘 베자르의 안무는 탄탄한 클래식 발레의 동작을 기본으로 하면서도 정지와 흐름, 다양한 장르를 초월한 복합 동작을 구사함으로써 현대적인 세련미를 과시했다. 이 작품은 20세기 최고의 현대발레 안무가로 꼽히는 베자르의 반세기에 걸친 안무 목록 중 가장 높은 대중적 인기를 누리고 있다. 유명 무용단의 웬만한 신작 순회공연이 일이 년으로 끝나는 데 비해 이 작품은 무려 오 년째 계속되고 있다.

이번 공연은 '세계 최고의 극장 수입을 올리는 안무가'라는 베자르의 명성을 입증이라도 하듯 무용 관객의 저변이 얕은 한국에서도 수차례의 커튼콜과 기립박수로 우레와 같은 갈채를 받았다.

이 작품의 성공 비결은 '퀸'의 신나는 음악과 그 속에 삽입된 장엄한 모차르트 음악, 경쾌한 남자 솔로 등이 빚어내는 조화에 있다.

그런 한편 고뇌하는 인간의 모습을 그리는 것도 놓치지 않으면서, 대작일수록 빛나는 베자르 특유의 분석력과 구성력, 대중음악의 설명적인 단점을 보완하기 위해 간간이 등장하는 함축적 메시지 역시 돋보였다.

"당신이 우리에게 이렇게 말했다. 전쟁이 아니라 사랑을 하라고. 우리는 사랑을 했다. 그런데 사랑은 왜 전쟁을 낳는가?"

베자르는 또 프랑스어로 에이즈를 가리키는 '시다^SIDA'에서 각각의 글자로 시작하는 고독, 불확실성, 소외, 고통, 사랑 등의 단어를 통해 많은 예술가들의 생명을 앗아간 질병에 대한 원망의 목소리도 암시했다.

1997년 1월 17일 파리 샤이오 극장 초연에는 프레디 머큐리를 먼저 떠나보낸 퀸의 나머지 멤버들과 팝 가수 엘튼 존이 참석했다. 희망의 색인 흰색으로 장식한 지아니 베르사체의 무대를 지켜본 관객은 엄숙하게 진행되는 순백의 제의가 곧 희망의 콘서트이길 기원했다.

스크린을 통해 전달된 무용가 조르주 돈의 생전의 모습과 피날레에서 흘러나온 〈더 쇼 머스트 고 온^The Show Must Go On〉 등의 노래는 백오 분의 공연 내내 이어진 기나긴 굴곡과 변화를, 결국 삶을 향한 긍정의 외침으로 승화시켰다.

브라보! 베자르

지난 2001년 베자르 발레 로잔의 내한공연을 지켜본 관객들은 입을 모았다. "발레 작품이 이보다 더 대중적일 수 있을까? 이렇듯 발레의 우아함을 전혀 잃지 않으면서……" 모리스 베자르가 함께 방한하지 않았다는 아쉬움은 컸지만, 무용인들은 너무나 오랫동안 기다려온 공연에 감동의 기립박수를 아끼지 않았다. 베자르는 사회적 이슈가 될 만한 높은 수준의 예술성을 유지하면서도 대중과 친근한 대작을 만들어내는 천재 안무가다.

지금까지 줄곧 '발레의 혁신'을 추구하면서 베자르는 파격적인 동작과 폭넓은 주제로 세상을 날카롭게 읽어왔다. 하지만 발레가 가장 기본적인 움직임이라는 신념에는 변화가 없다는 듯 한 번도 발레의 틀을 이탈해본 적이 없다.

연극이나 오페라, 영화 등 전혀 다른 장르의 예술에 도전하는 것이 아닌 이상, 춤을 매개로 대중과 만날 때 그는 언제나 발레를 더욱 빛나게 하기 위해 세계 각국의 민속무용과 현대무용을 도입했다. 그에게 있어 발레는 그만큼 최고의 표현수단이며 절대 가치의 예술이다.

국내에 베자르를 소개한 〈삶을 위한 발레〉는 신나고 열정적이며, 삶을 향한 강한 메시지가 담긴 그의 후기작 중 가장 대중적인 작품이다. 이 작품을 통해 베자르를 처음 만난 관객들은, 그의 작품세계를 뮤지컬만큼이나 서술적이며 친근한 것으로 이해했을 것이다. 그러나, 퀸의 음악에 맞춘 열정의 무대가 국내 발레의 대중화에 큰 역할을 했던 것은 사실이지만, 베자르 애호가들에게는 대중적인 작품보다 그의 혁신성과 천재성을 만끽할 수 있는 대표작을 감상하고픈 안타까움이 없지 않았다. 그런 점에서 그의 첫 내한공연이 남긴 갈증을 이번에 대전에서 해소할 수 있게 된 것은 무척이나 반가운 일이 아닐 수 없다. 최근의 전화 인터뷰에서 베자르 자신이 가장 빛나는 구성이라고 평가한 만큼 그의 무용 인생 오십 년을 한눈에 조망해볼 수 있는 레퍼토리로, 그는 우리를 다시 찾아왔다.

"전 세계의 관객들이 〈볼레로〉를 가장 먼저 보고 싶어합니다. 내가 선택한 것이 아니라 관객들이 원합니다."

〈볼레로〉는 무엇보다 라벨의 곡에 맞추어 유동적으로 움직이는 무릎과 동양적인 신비감을 드러낸 상체가 어우러진 조르주 돈의 모습을 가장 먼저 떠오르게 한다. 영화 〈사랑과 슬픔의 볼레로〉를 통해서도 연기를 선보인 탓인지, 지금까지 수잔 파렐, 실비 길렘, 파트릭 뒤퐁, 에릭 뷔안 등 세계적인 남녀 무용수들이 도전했음에도 마치 베자르의 분신인 듯 오랜 세월 함께 활동했던 조르주 돈에 대한 인상이 가장 강렬하다. 1961년 초연 당시에는 여자 주역 두추카 시프니오스와 남성 군무로 공연되었으나 1979년 조르주 돈이 주역을 맡으면서 여성 군무가 이를 대신했다. 경우에 따라 남성 주역에 남성 군무로 공연되는 등 다양한 구성이 한층 재미를 더한다. 붉은색의 둥근 테이블 위의 솔로와 이를 둘러싸고 이루어지는 군무는 클라이맥스로 향할수록 크레셴도로 치닫고, 반복적인 리듬이 절정에 달하는 순간 막이 내린다.

"춤은 무엇보다 관객과의 교감이 중요합니다. 그것이 바로 〈볼레로〉의 가장 큰 매력이죠."

〈볼레로〉가 격정의 도가니를 방불케 한다면 〈불새〉는 상대적으로 서정적이다. 1950년 쿨베리 발레단 시절에 발표했던 베자르의 처녀작인 이 작품은, 당시는 습작에 불과했지만 그의 역량이 발전함에 따라 이십 년이 지난 후 그의 대표작으로 거듭나게 되었다. 1910년 러시아 민화에 근거해 스트라빈스키와 포킨이 처음 공연을 올린 이래, 〈불새〉는 발란신과 리파르 등 수많은 거장들에 의해 삼십 편 이상의 다양한 작품들이 만들어졌는데, 그중에서도 유독 베자르의 작품이 유명한 것은 1970년 초연 당시 출연한 미하일 드나르의 시적인 아름다움 때문이 아닐까 싶다. 오케스트

라 조곡을 이용한 베자르의 안무에서, 가슴을 드러낸 붉은색 유니타드^{상하}

^{의가 연결된 레오타드} 속에서 재가 되어 환생하는 봉황의 이미지는 어느 때보다 현대적으로 묘사되었다.

베자르의 대표적인 초기 작품으로는 그 외에도 사회로부터 소외된 한 남자가 유일한 탈출구를 갈망하는 〈한 남자를 위한 심포니〉(1955), 음악에 움직임을 시각적으로 완벽하게 조응시킨 〈봄의 제전〉(1959), 록음악과 청바지가 어우러진 〈현재를 위한 미사〉(1967) 등을 꼽을 수 있다. 후기로 올수록 베자르는, 〈니벨룽의 반지〉(1990), 〈피라미드〉(1991), 〈M〉(1993) 등 장식적 연출이 강조된 총체극으로 자신의 천재성을 과시했다. 21세기를 맞으며 베르사유 궁전 정원에서 장대하게 펼쳐진 〈물의 빛〉을 포함해서.

"바르바라는 나의 가장 절친한 친구입니다. 그녀가 내게 남겨준 우정에 대한 보답으로 이 작품을 만들었지요."

베자르는 각계각층의 세계적인 저명인사들과 친분을 나누어왔는데, 그와 함께 오랫동안 작업해온 의상디자이너 지아니 베르사체, 작곡가 피에르 불레즈 외에, 삼십오 년 이상 친분을 유지하며 누이라고 부를 만큼 가까이 지내온 가수 바르바라가 있다. 바르바라는 지난 1997년 세상을 떠날 때까지 프랑스를 대표해온 싱어송라이터로, 〈검은 독수리〉〈나의 가장 아름다운 사랑 이야기〉〈바로 당신〉 등 주옥같은 노래들을 남긴 가수이다. 베자르가 감독·출연한 영화 〈난 베니스에서 태어났네〉에서는 '빛나는 밤' 역을 맡아 '태양' 역의 조르주 돈과 함께 주역으로 활약하기도 했다. 베자르는 아직도 바르바라의 존재를 생생하게 느끼고 있다고 말하곤 했는데, 그녀와 함께 20세기의 대표적 샹송 가수라 불리는 벨기에 출신의 자크 브렐과 바르바라 두 사람을 모델로 한 〈브렐과 바르바라〉에서 그녀의 부활을 꿈꾸기도 했다. 2001년 초연된 이 작품은 이번 내한작 중에서는 가장 최근작으로, 대중음악을 연극적 기법으로 풀어내며 발레의 대중화를 추구해온 베자르 말년의 안무성향을 한눈에 보여준다. 앞서 베자르는 리옹 시의 제안으로, "내게 있어 빛은 브렐이며, 난 검은빛이다"라는 바르바라의 말과 뤼미에르^{불어로 '빛'이라는 뜻} 형제의 영화 발명지인 리옹 시를 연상하며 〈빛〉이라는 작품을 발표했다. 물론 〈빛〉과는 전혀 다른 작품이긴 하지만, 〈브렐과 바르바라〉는 영화와 관련된 내용을 제외시키면 〈빛〉의 축소판이라고 할 수 있을 만큼 두 가수의 캐릭터를 완벽하게 녹여내고 있다.

〈빈, 빈〉은 1982년 작품으로 음악의 수도 빈을 예찬하는 작품이다. 초연에서는 마르시아 하이데와 조르주 돈이 출연했는데, 베자르 작품 중 드물게 추상발레의 진수를 보여주는 작품이면서, 쇤베르크, 슈베르트, 모차르트, 슈트라우스 등 천재 음악가들의 클래식에 맞춘 네오클래식 발레의 결정판이라 할 수 있다. 모차르트 서거 200주년 기념작 〈빈에서의 죽음〉(1991)이나 〈B를 위한 M〉(1994)을 통해 모차르트 음악에 대한 경의를 나타냈듯 〈빈, 빈〉에서 역시 그는 이백 년 동안 빈을 중심으로 꽃을 피운 클래식 작곡가들을 향한 애정을 담았다. "순수음악을 예찬하고, 음악이 있어 영원히 사랑하고, 춤출 수 있음에 감사한다. 빈의 추억과 함께"라고 읊조리는 듯, 도시 빈과 음악을 소재로 특별한 줄거리 없는 발레를 만들었지만, 베자르는 관객에게 자유로운 상상의 세계를 펼쳐놓는다. 철학가였던 아버지의 쌍둥이로 태어났다고 할 만큼 아버지로부터 많은 영향을 받은 베자르는 철학적 사고가 두드러지는 코멘트를 안무노트에 기록하는 것으로 유명하지만, 이 작품에서 그는 자신의 생각보다 희로애락과 생사로 이어지는 극단적 감정에 관한 많은 가능성을 열어두고 관객들의 의견을 기다린다.

1954년 파리 테아트르 발레단의 전신인 에투알 발레단 창단―소규모 단체로 1953년 로망티크 발레단을 만들긴 했지만―을 시작으로, 베자르는 1960년에 브뤼셀에서 20세기 발레단, 1987년에 베자르 발레 로잔을 창단했으며, 마기 마랭, 도미니크 바구에 등 유명 후배 안무가를 배출한 브뤼셀의 무드라 학교, 현존하는 로잔의 루드라 학교 그리고 루드라 출신 무용수들의 모임인 M 컴퍼니까지, 베자르의 손길이 거쳐간 단체는 적지 않다. 그의 오십 년 발레 인생이 곧 20세기 후반 모던발레의 역사를 파노라마처럼 펼쳐놓은 것과 다름없을 정도로, 베자르는 아방가르드의 선두에서 활약해왔다.

무용이론에도 해박한 지식을 자랑하는 베자르에게 발레에 있어서의 '모던'과 '컨템퍼러리' 용어에 대한 의견을 물었다. 그가 추구하는 21세기 춤이 무엇인지 들어보고 싶었다.

"난 용어나 장르에 크게 집착하지 않아요. 어떠한 새로운 형태도 시대가 변하면 구식이 되어버리는데 내 작품을 무엇이라 부르건 상관하지 않습니다. 단지 현재의 이야기, 우리들의 이야기를 춤에 담는 것이 가장 중요한 관건이죠."

베자르의 답변은 의외로 단순했다. 다양한 국적의 무용수를 통해 탈장르와 다문화주의를 추구하는 그의 예술세계를 하나의 용어로 정의 내리는 것이 무엇이 그리 중요하랴. 동양철학에 능통한, 그래서 인도와 일본의 문화를 쉽고 가깝게 느끼는 그에게는 장르에 대한 구분보다는 삶에 관한 질문이 더 어울렸을 것이다.

1927년 1월 1일에 태어나 열두 살에 무용에 입문한 이후 줄곧 춤과 함께 살아온 베자르. 프랑스인이면서 프랑스를 거부한 채 예술을 좇아 평생을 이방인으로 살아온 그. 여든을 바라보는 고령에도 창작활동을 멈추지 않는 춤추는 철학가의 삶 앞에서 우리는 경외감을 느낀다.

3 제롬별 *Bel Jérôme*

1964~

춤이 아닌 드라마…
개념극

: **쇼는 계속되어야 한다**
The show must go on

2001년 1월 4일
파리 테아트르 드 라 빌 초연

2005년 5월 27일
문예회관 대극장 관람

프랑스 안무가 제롬 벨이 첫 내한공연에서 선보인 〈쇼는 계속되어야 한다〉는 무용이라기보다 한 편의 드라마였다.

오랫동안 전 세계인의 사랑을 받아온 팝송의 제목을 명령어로 삼아 열일곱 명의 연극배우들이 추억의 몸짓으로 구상하고 표현해낸 이 공연에, 일부 관객들은 팝송에 얽힌 추억여행을 즐겼지만, 또다른 관객들은 '아방가르드'라는 기치 아래 개그쇼에도 못 미치는 유머를 늘어놓는 안무가에게 혐오감을 표하기도 했다. 2001년 파리 초연 당시부터 줄곧 이어진 상반된 반응이다.

〈난 그것을 움직이는 걸 좋아해 I like to move it〉에 맞추어 무용수들이 뱃살과 머리카락, 엉덩이, 혓바닥 등의 신체 부위를 반복적으로 움직이는 순간, 일상과 예술, 대중예술과 공연예술이 가지는 미묘하면서도 명확한 경계는 단숨에 무너져내렸다. 〈이매진Imagine〉이 흐르는 어두운 극장은 무대와 객석의 구분이 사라진 상상의 나라로 변했다.

1994년 〈작가로부터 주어진 이름Nom donné par l'auteur〉부터 주역의 그늘에 가려 군무진으로 늙어간 한 발레리나의 내면의 소리를 담은 〈베로니크 두아노Veronique Doisneau〉에 이르기까지, 전통파괴론자의 십 년간의 창작활동은 끊임없이 의문을 불러일으켰다. 어눌한 움직임과 개념만이 난무한 작품을 춤공연이라고 불러야 할 것인가에 대해, 또 '춤의 형태나 진행을 전문적으로 창작하는 사람'이라는 안무가의 사전적 정의를 거부하는 그를 여전히 안무가라고 불러야 할 것인가에 대해.

같은 공간에서 사흘 뒤 개념미술가 사사Sasa가 〈쇼쇼쇼 : '쇼는 계속되어야 한다'를 재활용하다〉를 올렸다. 원작과 같은 형식이었지만, 우리의 귀에 익은 원곡이 아니라 새롭게 편곡한 〈애국가〉나 〈커피 한 잔〉을 들으면서 추억을 자아내기는 어려웠다. 관객 개개인의 묵은 '이야기'를 담아내기 위해 가슴 깊이 파고드는 올드 팝이 제격이라는 제롬 벨의 주장을 재삼 실감할 수 있었다.

제롬 벨이 솔로로 재연출한 〈쇼는 계속되어야 한다 2〉로 이어진 연작은 분명 춤개념극으로서 컨템퍼러리 예술의 한 형태를 차지할 것이다. 이데올로기적인 극의 형식을 거부하고, 관객의 자기 성찰을 유도하는 단순한 메시지는 언어를 움직임으로 변형하고, 이를 다시 언어로 부활시키는 시도를 거듭하며 우리를 자극할 것이다. 심미주의를 거부한 형태의 춤이 어떻게 그 생명력을 유지할지 사뭇 기대된다.

4 매튜 본 *Bourne, Matthew*

1960~

원작보다 더 흥미진진한
현대판 댄스뮤지컬

: 더 카맨
The Car Man

2000년 5월 16일
플리머스 왕립극장 초연

2002년 1월 27일
리옹 무용의 집 관람

영화 〈빌리 엘리어트〉에 삽입된 현대판 〈백조의 호수〉를 통해 세계적인 명성을 얻은 매튜 본이 드디어 프랑스 무대에 첫선을 보였다. 기 다르메가 예술감독으로 있는 리옹 무용의 집^{Maison de la Danse}에 〈더 카맨〉을 올린 매튜 본은, 원작 〈카르멘〉의 극적인 설정보다 더욱 긴장감 넘치는 새로운 각본과 연출로, 무용계에서는 보기 드물게 스릴러로 구분될 만큼 새로운 장르를 개척했다. 또한 섬세한 구성과 치밀한 연출력을 선보이며, 그의 작품이 최고 수준의 댄스뮤지컬 또는 '시네 댄스'임을 다시 한번 프랑스 무대에서 인정받았다. 그의 무대는 노래를 삽입하지 않고도 원작 〈카르멘〉을 신체언어로 부활시키는 데 전혀 손색이 없었다.

안무가 매튜 본은 1960년 영국 런던에서

태어났다. 라반센터에서 학업을 마친 후, 1987년 AMP^{Adventures in Motion}

Pictures무용단을 설립한 그는, 예술로서의 품위를 잃지 않는 범위 내에서 풍자적이면서도 대중적인 새로운 장르를 개발하기 위해 애써왔다. 특히 세심하게 다듬어진 제스처들은 역동적인 동작들과 어우러져 혁신적 무대를 만들어냈는데, 연극과 영화, 뮤지컬 등 다양한 분야에서 작업한 결실이었다. 〈Does your crimplene go all crusty when you rub〉(1988)이나 〈Town & Country〉(1991) 같은 실험적인 작품을 만들기도 했지만, 특히 그가 열정을 쏟은 것은 고전 작품을 현대판으로 재탄생시키는 작업이었다. 마침내 1992년 〈호두까기 인형!〉과 1994년 〈라 실피드〉로 천재성을 인정받은 그는, 1996년 사십여 명의 남자 무용수들이 백조로 등장하는 현대판 〈백조의 호수〉로 올리비에상 최고 무용작품상을 수상하는 영광을 얻었으며, 1997년에는 〈신데렐라〉에 도전, 마츠 에크의 뒤를 잇는 '이 시대 모던발레계의 반항아'라는 별명을 얻게 되었다. 이러한 성공에 힘입어 2002년 그는 런던 올드 빅 극장의 상임안무가로 선출되었으며, 2000년에 안무한 〈더 카맨〉은 미국, 유럽, 동경 등 전 세계적으로 인기를 얻고 있다.

1845년 메리메가 중편소설로 발표한 「카르멘」은 조르주 비제가 오페라로 만들어 비로소 그 진가를 발휘하게 되었다. 오페라의 성공은 무용작품의 탄생으로 이어져—팔십육 년이라는 긴 시간이 필요하긴 했지만—20세기 수많은 안무가들이 새로운 해석으로 작품을 발표해왔다. 그러나 몇몇의 단막극 형식을 제외한 대부분의 작품들이 비제의 오페라 구성을 거의 그대로 답습해 극적 전개와 이국적 정취를 강조한 데 반해, 매튜 본의 작품은 내용과 구성 모두에서 큰 변형을 보여주었다. 그의 작품에서, 저 유명한 비제의 음악이 주는 인상을 제외하면 원작 〈카르멘〉의 내용은 암시적으로만 비추어지고 있다. 매튜 본은 영화 〈포스트맨은 벨을 두 번 울린다〉와 뮤지컬 〈웨스트 사이드 스토리〉 등에서 영감을 얻어 미국 흑백영화시대의 정취를 그대로 옮겨놓은 듯한 분위기를 연출했다.

작품은 1960년대 미국 서부, 하모니라는 가상의 작은 마을에 있는 자동차 정비소를 배경으로 한다. 무더운 여름날, '사람 구함'이라고 쓰인 푯말 아래 지친 얼굴로 서 있는 여자 주인공 라나. 그 옆에는 그녀의 동생 리타의 남자친구인 안젤로가 무료한 표정으로 앉아 있다. 불운한 운명을 암시라도 하듯 안젤로는 실성한 사람처럼 허공을 응시한다. 라나는 정비소 사장인 남편을 도와 식당 일을 돌보고 있다. 결혼생활에 권태를 느끼며 다른 이성에 대한 욕정으로 가득 차 있던 그녀는 여행길에 우연히 식당에 들른 뤼카에게 한눈에 빠져들고, 열정적인 사랑을 나눈 두 사람은 이를 목격한 남편을 죽이고 만다. 게다가, 당황한 나머지 비명소리를 듣고 달려온 안젤로에게 모든 죄를 뒤집어씌우고 도망을 친다.

매튜 본은 〈카르멘〉의 현대적인 해석을 위해 무엇보다 인물의 성격을 다르게 설정했다. 돈 호세의 분신이랄 수 있는 뤼카는 양성애자로 묘사해 순진함과는 거리가 먼 성도착증 환자로 만들었으며, 소피아 로렌과 지나 롤로브리지다를 닮은 매혹적인 외모의 라나(사란 쿠르뎅)로 새롭게 태어난 현대판 카르멘은 수줍음 많은 순수한 여인으로 묘사했다. 시가를 들고 등장했던 관능적인 카르멘이 아니라, 열쇠꾸러미를 들고 연인의 방 앞에서 들어갈지 말지를 망설이는 순진한 여인의 모습으로.

그러나, 살인을 은폐하기 위해 도망친 라나와 뤼카의 사랑은 오래가지 못한다. 시간이 지나면서 점점 더 집시여인 카르멘으로 변해가는 라나의 남성편력을 견디지 못한 뤼카는 결국 그녀를 떠나고, 두 사람의 사랑은 그렇게 한순간의 불꽃으로 끝나고 만다. 한편 억울하게 옥살이를 하게 된 안젤로는 탈옥 후 라나와 뤼카를 찾아내 두 사람에게 총을 겨눈다. 복수에는 성공했지만 허탈한 마음으로 떠나는 안젤로를 뒤로하고, 라나와 뤼카의 시체를 묻는 친구들의 모습으로 막이 내린다.

빠른 템포와 숨막히는 긴장감으로 한순간도 관객의 시선을 놓치지 않는 매튜 본의 구성은 무용수들의 완벽한 연기와 춤이 더해져 열정의 무대를 만들었다. 뤼카가 안젤로와 카섹스를 벌이거나 감옥에 갇혀 있던 안젤로를 감시관이 겁탈하는 장면 등 노골적으로 양성애가 묘사된 장면들은 그로테스크한 면이 없지 않지만, 자동차 앞부분만을 이용해 다이내믹한 경주를 묘사한 부분이나 뤼카와 안젤로의 마지막 싸움 장면에서 무대 위로 붉은 피가 난무하는 기술은 소름끼치도록 실감나는 것이었다.

타 장르 예술의 장점을 가져온 매튜 본의 뛰어난 연출은 마임이 적절하게 섞인 연기와 곡예에 가까운 동작들로 더욱 돋보였다. 발레의 기본동작을 교묘하게 일상생활 속의 동작과 섞어 보기 드문 에너지를 폭발시켰는데, 라나와 뤼카의 이인무는 이 점에서 가히 모던발레의 한 레퍼토리로 꼽을 만큼 관능적이면서도 뛰어난 기술을 자랑했다.

우리는 매튜 본이 재해석한 〈백조의 호수〉〈호두까기 인형!〉 등에서 이미 원작보다 더 흥미진진한 현대 드라마의 매력에 빠진 바 있다. 심리 묘사에 능한 이 천재 스토리텔러는 원작의 줄거리를 복잡하게 꼬아 리얼리티를 강조했고, 그 속에서 우리는 공주와 왕자, 동화 속 요정이 아닌 나와 너를 발견하곤 했으며, 춤 또한 일반적인 발레의 틀을 깨고 일상생활의 신체언어와 연결, 오히려 평범한 그 몸짓에서 한껏 우리를 흥분하게 했다.

대중을 유혹하는
코믹 무용극

: 호두까기 인형!
Nutcracker!

1992년 8월 26일
에든버러 페스티벌 초연

2004년 5월 8일
LG아트센터 관람

영국이 자랑하는 안무가 매튜 본은 댄스뮤지컬의 창시자이자 고전발레를 현대적으로 재해석하는 데 전문가로 알려져 있다. 안무가에게 있어 고전을 현대적으로 재해석하는 작업은, 이미 잘 알려진 친숙한 작품이라는 이점이 있는 반면 그만큼 치밀한 플롯과 탄탄한 구성을 갖춰야 한다는 부담감도 적지 않다. 고전에 익숙한 관객들이 새로운 해석에 기대하는 바가 상대적으로 크기 때문인데, 매튜 본의 경우에는 연극과 영화의 요소들을 수용한 토털 아트Total Art 형식의 댄스뮤지컬을 통해 대중에게 친근하게 다가갈 수 있었다.

무용계에 늦깎이로 입문했음에도 불구하고 영국의 올리비에상을 네 차례나 수상한 매튜 본이 그의 역량 있는 연출력을 자랑하는 〈호두까기 인형!)으로 국내 무용계에서는 보기 드문 장기공연에 도전했다. 고전 발레 작품 중에서 유일하게 매해 성탄절 무대에 올려지는 〈호두까기 인형〉. 1992년 초연 이후 십 년 만에 다시 무대에 올리면서, 매튜 본은 '엔 터테인먼트 공연예술'로서 더욱 신나고 볼거리 많은 요소들을 강조했다. 그런 의미에서 제목에 느낌표까지 붙여, 화려하고 흥겨운 무대에 대한 관 객들의 경이로운 감탄사까지 대신하고 있다.

대사나 노래가 없는 넌버벌 뮤지컬은 초기 발레 작품들과 공통점이 많 다. 의사표현이나 감정전달을 위한 마임의 삽입이 두드러지고, 등장인물 들의 성격묘사가 확연하게 구분되며, 표정연기가 강조되는 등의 특징을 발견할 수 있다.

고아원생들로 분장한 무용수들이 한 명씩 등장해 관객에게 인사를 하 는 프롤로그는 시작부터 연극적 재미를 더해주었으며, 고아원을 배경으 로 한 1막의 구성은 클라라의 호두까기 인형에 대한 집착을 강조하는 데 효과적이었다. 원작의 단점인 단순한 줄거리를 보완하기 위해 첫사랑에 대한 순수하면서도 열정적인 클라라의 감정표현이 강조된 2막 '사탕과자 나라'에서는 니커보커 글로리, 리쿼리스, 갑스토퍼, 마시멜로 등 이름은 어렵지만 보는 즉시 군침을 돌게 하는, 어린이들에게 친근감 있는 캐릭터 가 대거 등장해 생동감 있는 연기를 선보였다.

그러나 이렇듯 원색적인 2막의 디베르티스망^{줄거리와 상관없는 화려한 볼거리}이 고 아원을 배경으로 한 회색 톤의 1막보다 덜 화려하게 느껴지는 것은, 매튜 본의 안무방식이 주로 감정연기가 강조된 동작을 나열하는 방식으로 짜여 있어서, 춤의 형식적 테크닉이 강조되었던 원작의 디베르티스망을 대신하기는 어려웠기 때문이다.

2003년 내한해서 선보인 〈백조의 호수〉에서 남성 백조들의 카리스마가 돋보였다면, 이번 공연에서는 차이코프스키의 음악이 유난히 빛을 발하는 '눈송이 왈츠'의 아이스 스케이팅 장면, 거대한 케이크 위에서 펼치는 요염하면서도 신나는 군무의 서정적이며 코믹한 각색이 특히 매력적이었다.

5 카롤린 칼송 Carlson, Carolyn

1943~

붉은 천으로 감싼
육체의 실루엣

_여자도 남자도 아닌 인간의 모습

: 블루 레이디
Blue Lady

1983년 10월 11일
베니스 라 페니스 오페라극장 초연

2011년 6월 9일
LG아트센터 관람

1970년대 프랑스 파리 국립 오페라발레단에서 '에투알 코레그라프'라는 전무후무한 최고 등급의 안무가로 대우하며 모셨을 만큼 카롤린 칼송은 훌륭한 안무가이다. 하지만 그전에 그는 뛰어난 무용수로도 정평이 나 있었다. 큰 키와 긴 팔다리는 어느 누구도 흉내낼 수 없는 전설적인 보디라인을 만들었으며, 파도타기와 같은 흐르는 듯한 척추의 움직임은 그녀만의 트레이드마크였다. 최고의 신체 조건을 갖춘 자유로운 영혼의 안무가가 가장 왕성하게 활동하던 시절에 만든 자전적 작품이 1983년에 발표한 〈블루 레이디〉로, 당시 남편이었던 작곡가 르네 오브리와의 완벽한 호흡으로 음악과 춤이 마치 하나의 언어인 것처럼 조화를 이루는 명작이다. 또한 〈블루 레이디〉는 프랑스를 중심으로 유럽 현대무용의 새로운 세계를 연 '누벨 당스 Nouvelle

Danse'의 신호탄과도 같은 작품이기도 했다. 칼송의 가늘고 긴 육체의 선이 반복적으로 흐느적거리는 동작은 진지함 속에서 관능미까지 표출했었다.

이 아름다운 칠십오 분간의 솔로는 2008년 새로운 모습으로 부활했다. 칼송은 새 작품이 원작과 비교되지 않도록 아예 남자 무용수를 선택했다. 여성의 삶과 모성애를 남성이 표현한다는 시도만으로도 충격적이었다. 그는 자키 베르제와 테로 사리넨^{Tero Saarinen}에게 춤출 것을 의뢰했는데, 칼송의 아들이라 불릴 정도로 정서적으로 큰 교감을 나눠온 테로 사리넨의 솔로가 더 주목받고 있다.

지난 9일 이 작품의 국내 초연을 위해 서울 LG아트센터 무대에 오른 테로 사리넨은 다소 경직된 모습이었다. 몇 해 전 내한공연에서 강인한 남성의 몸으로 유연한 움직임과 여유로움을 보여주었던 터라 어깨에 힘이 잔뜩 들어간 첫 포즈는 더욱 긴장되어 보였다. 현대무용계의 여신 카롤린 칼송의 대표작을 춘다는 부담감이 큰 탓일까. 금세기 최고의 발레리나 실비 길렘이 제안을 거절했다고 하니, 능숙한 사리넨도 겁먹은 걸까. 원작이 발표된 지 이십오 년이 지난 2008년, 원작자 칼송과의 오랜 작업 끝에 완성한 새로운 버전이 이제는 몸에 익을 만큼 익었을 텐데, 아직도 긴장하고 있는 걸까. 추측하기 어려웠다. 그러나 그러한 긴장감은 사라지지 않았다. 사리넨의 〈블루 레이디〉는 긴장과 경직 그리고 생소함이 바로 키워드였다.

역사적으로 각인된 명작을 재해석하면서 사리넨은 '칼송처럼 춤추기'를 일찍이 포기하는 명석함을 보여주었다. 대신 그는 칼송과 자신의 정신세계가 가질 수 있는 교집합을 찾는 데 주력했다. 여성적인 부드러움 대신에 그는 시적인 감수성을 담아냈다. 칼송의 강점인 즉흥성을 배제하고, 그는 준비된 스케치로 거침없이 신비로움을 그려나갔다. 관능미가 사라진 빈자리에 인간이라면 누구나 느낄 수 있는 감정의 실타래를 배치했다. 사리넨에게서 여성적인 섬세함이 그대로 묻어났다는 반대의 평에는 동의하기 어렵다. 그런 느낌이 드는 것은 춤이라는 장르가 기본적으로 가지고 있는 특성 때문일 뿐, 사리넨은 결코 여성성을 보여주려 노력하지 않았다. 세계적인 발레리노 파트릭 뒤퐁이 매혹적인 여성성을 강조하며 베자르의 작품 〈살로메〉에서 보여주었던 모습을 기대했던 관객의 허를 찌르듯, 사리넨은 중성적이고 낯선 매력으로 승부를 걸었다. 붉은 천으로 감싼 육체가 블라인드 사이로 실루엣을 드러낼 때, 그곳엔 여자도 남자도 아닌 한 사람의 인간이 서 있었다.

간간이 스크린 속에 등장하는 칼송의 이미지는 원작을 상기시켰다. 다섯 벌의 의상을 갈아입으며 사계절을 묘사하는 구성이나 해변과 나무의 무대세트 등 모든 연출이 원작 그대로였다. 감성을 자극하는 기타 선율을 따라 흐르는 멜랑콜리도 여전히 살아 있었고, 폭이 넓은 치마를 휘날리며 제자리에서 연속적으로 도는 동작은 한 여인의 삶이 전환기를 맞을 때마다 반복되며 칼송의 모습을 오버랩시켰다. 블라인드가 하나씩 올라가며 삶이 시작되었고, 낙엽이 한 잎 두 잎 떨어지며 노인이 되어가는 은유도 제대로 재연되고 있었다. 가장 기대했던 붉은 드레스가 등장하는 장면에서는 가녀린 S라인이 아니라 울퉁불퉁한 근육이 드러났지만, 팽팽하게 당겨진 듯한 탄력과 긴장감으로 출산을 생생하게 묘사했으며, 출산이 단지 여성만의 과제가 아니라, 생명 탄생이라는 인류 생존의 원리임을 강조했다. 원작에 충실하면서도 원작과의 차별성을 찾는 탐구가 돋보이는 대목이었다. 전통의 추억 위에 덧입혀진 자신의 경험. 단순한 빙의가 아닌 새로운 재해석이었다.

최근 들어 예술계뿐 아니라 문화계 전반에 리메이크 작업이 붐이다. 시대를 초월하는 진정한 감동을 찾아내 이를 재조명하는 리메이크 작업은 이제 원작과 비교하며 감상할 수 있는 재미까지 더해주고 있다. '누벨 당스'를 대표하는 칼송의 춤이 사리넨의 몸짓으로 거듭나며, 단순한 그 시대의 반영에 그치지 않고 인간 내면의 소리를 담은 휴머니즘을 담은 새로운 예술로 승화되어가는 과정을 지켜보는 것이 즐겁기만 하다.

6 브리스 샤르마츠 Charmatz, Boris

1973~

단순한 호기심인가,
새로운 '예술'인가

: 주의
AATT…ENEN…TIONON

1996년 2월 9일
센 나시오날 드 블루아 초연

1996년 11월 1일
파리 퐁피두센터 관람

프랑스에 누드무용의 열풍이 거세다. 무용수들이 하체를 드러내고 출연해 화제를 모으고 있는 〈주의注意 AATT…ENEN…TIONON〉와, 젊은 무용인들을 중심으로 새로운 경향으로 자리 잡아가고 있는 누드무용의 선두주자들을 만나 본다.

'오늘날 신세대 젊은 현대무용가에게 육체의 의미는 과연 무엇인가? 그리고 의상을 입지 않은 무용수, 즉 나체로 무대 위에서 춤을 추는 공연은 어떤 의미로 받아들여야 하는가?' 이 두 사안이 프랑스 무용계의 새로운 관심사로 부각되고 있다.

프랑스에서는 1994년을 기점으로 사진, 연극, 무용 등의 예술 분야에 벌거벗은 연기자가 자주 등장했는데, 그 타당성을 찾는 것은 유럽

인의 사고방식으로는 무의미하다. 대부분의 유럽인들은 예술가 개인의 성향일 뿐이라고 생각하기 때문이다. 그럼에도 불구하고, 1996년 한 해 프랑스 무용계에는 젊은 현대무용가들 사이에서 누드무용이 새로운 경향으로 나타났고, 새삼 이슈가 되고 있다.

전반적으로 포스트모던 이후 안무가들의 신작에서 이러한 경향을 찾아볼 수 있는데, 그 대표적인 안무가로 프랑스의 제롬 벨, 보리스 샤르마츠, 엠마뉴엘 윈, 영국의 자비에 드 프뤼토스, 미국의 존 제스퍼스 등을 들 수 있다. 이들의 누드무용을 단지 1970년대에 이미 보였던 유행의 리바이벌로 정의할 것인지 아니면 무용예술의 가장 중요한 도구인 신체를 재해석하는 차원에서 받아들여야 하는지에 대해 지난 11월 3일까지 파리 퐁피두센터에서 재공연된 보리스 샤르마츠의 〈주의 AATT…ENEN…TIONON〉를 중심으로 살펴보았다.

'포스트에이즈', 신체 그 자체가 무용이다

'아름다운 신체의 동작 연결만이 무용은 아니다'라는 주장은 피나 바우슈뿐만 아니라 마기 마랭 등 '연극적 무용'을 하는 안무가들에 의해 충분히 강조되어왔다. 그러므로 그들에게 무대 위에서 무용수가 옷을 벗는다는 것은 줄거리 전개의 필요에 의한 메시지 전달 방법의 하나로 인식되었다. 다시 말해 신체를 보여주는 것 그 자체가 목적은 아니라는 뜻이다.

그러나 프랑스 신예 안무가 보리스 샤르마츠를 위시한 누드무용가들에게는 모든 인간들에게 잠재되어 있는, 인간 본연의 모습으로 돌아가고 싶어하는 욕망을 보다 더 솔직하게, 즉 나체로 표현하는 것, 그것이 하나의 목적이다. 춤을 추기 위한 도구로서의 신체가 아니라, 신체 그 자체를 통해 예술적 가치를 찾는 것이다. 그들은 노출증 환자나 나체주의자가 아니며, 관능주의나 성해방, 사도-마조히즘 등이 그 주제가 되는 것도 아니다. 포르노그래피의 이미지 역시 여기에 해당되지 않는다.

그들은 잘 훈련된 무용수의 신체를 조금도 감추지 않고 관객 앞에서 그대로 드러내고 보여줌으로써 신체가 바로 무용의 본질이며 무용 공간의 개념까지도 포함하고 있음을 이야기한다. 뼈와 근육, 관절, 피부, 성기 등 인간의 육체를 해부학적인 관찰을 통해 하나의 예술작품으로 승화시키는 작업의 결과가 곧 춤이 되는 것이다.

'포스트에이즈'라는 새로운 장르를 만들어가는 이 신세대 안무가들의 작품은 피와 폭력, 마약 등의 소재를 함께 가져와 이 시대의 모습을 잘 드러내 보이고 있다. 그러나 누드무용가의 이러한 철학을 모든 관객이 이해하고 공감하는 것은 아니며, 아직은 하나의 장르로 정립된 것도 아니다. 현재까지는 아방가르드적인 하나의 움직임으로 받아들여지고 있다.

지난 1월 자비에 드 프뤼토스Javier de Frutos가 니진스키, 정신착란, 누레예프, 에이즈 등을 소재로 〈대서양횡단Transatlantic〉을 올렸을 때, 전라로 무대에 선 그를 향해 관객들은 야유를 보냈다. 누드무용 그룹 중 유일한 여

성 무용가 엠마뉴엘 윈Emmanuelle Huynh 또한 〈뮤아Mua〉에서 조명을 어둡게
하기는 했으나 전라로 무대에 올랐는데, 여성이 옷을 벗는 행위는 관능주
의와 연결, 욕망의 대상이라는 인식이 없지 않아 역시 관객들에게 적지
않은 거부감을 샀다. 그런데 놀라운 것은 이들의 공연이 모두 프랑스 비
평가들에게 좋은 평을 듣고 있다는 점이다. 비평가들은 그 이유를, 그들
모두가 실력 있는 무용수들로, 젊은 나이에도 불구하고 공연 경험이 많으
며, 이들이 조명이나 의상 등의 과다 치장에 대해 회의하는 과정에서 이
러한 작품이 시작되었다는 점을 들고 있다.

프뤼토스는 "연습 후에 샤워를 하며 문득 타인 앞에 신체를 내보임으
로써 내 정신세계가 오히려 허식을 벗고 새로운 모습으로 태어날 수 있음
을 자각했다. 나체가 됨으로써 작은 동작 하나하나까지 더욱 신경을 쓴
다. 나아가 옷을 벗는 것은 이 세상에서 폭력을 없애는 역할을 할 것이
다."라고 단언하면서, 무대 위에서 의상이 불필요하다고 주장하는 동시에
현대사회의 문제점을 지적하며 인간 본연의 심성으로 돌아가자는, 다분
히 나체주의자적인 주장을 펼쳤다.

현재 32세의 나이로 이미 수많은 유명 안무가와 작업을 해온 제롬 벨
은 또한 이야기한다.

"어느 날 나는 사회와 연결되어 있는 몸 깊숙한 곳을 뒤흔들고 싶은
욕망을 느꼈다. 내 공연을 보고 벗은 몸을 보는 것에 대해 식상하다는 듯
한 표정을 짓는 관객들도 물론 있다. 벗은 무용수를 보는 것이 신선한 충
격도 아니기 때문이다. 그러나 그들은 옷을 입지 않은 것에만 신경쓸 뿐,

내부의 정신은 무시하고 있다. 나는 작품의 제목을 '제롬 벨'이라고 붙였다. 내 존재가 바로 춤이다."

샤르마츠, 신세대 천재 안무가로 등장

그동안 파리 문화의 중심 역할을 해왔지만, 1997년부터 보수공사로 문을 닫게 되는 퐁피두센터에서는 1996년 10월 30일부터 11월 3일까지 보리스 샤르마츠의 〈주의 AATT…ENEN…TIONON〉를 무대에 올렸다. 밤 열시, 폐관시간이 되어 센터의 관람객들이 모두 빠져나간 후 포럼 홀에는 새로운 관객들이 모여들었다. 전혀 무용 공연이 행해질 것 같지 않은 센터의 입구에는 넓이 2미터 20센티미터, 높이 5미터의 삼층짜리 철제 사각모형이 놓여 있고 그 위로 세 개의 커다란 공이 공중에 매달려 있을 뿐, 어디가 객석이고 어디가 무대인지조차 구분이 되지 않았다. 단지 사각모형을 둘러싸고 바리케이드가 쳐 있을 뿐이었다. 잠시 후, 관객들은 드디어 바리케이드 안으로 들어갔다.

관객들은 여느 공연과는 다른 무대임을 느끼며, 자연스레 사각모형을 둘러싸고 바닥에 앉거나 선 채로 자리를 잡았다. 그사이 관객들 틈으로 여자 무용수 한 명과 남자 무용수 두 명이 걸어나와 각각 삼층짜리 사각모형의 한 층씩을 차지하고는 무대 뒤에서 흔히 볼 수 있는, 몸을 푸는 듯한 동작을 반복했다. 오 분쯤 지나자 무용수들은 입고 있던 운동복을 하나씩 벗기 시작했다. 그때까지도 어수선하게 지켜보고 있던 관객들은, 세 명의 무용수가 티셔츠 하나만을 남기고 속옷까지 모두 벗어던지자 깜짝 놀라 숨을 죽이며 미동도 하지 않았다.

　다른 비슷한 작품들에서 보아온 대로, 잠시 후면 다시 의상을 입으리라는 관객의 예상은 완전히 어긋났다. 그 상태 그대로 사십오 분 동안 거친 움직임이 이어졌다. 음악도 조명도 하나 없이 단지 무용수들의 가쁜 숨소리와 바닥을 튕기고 올라오는 소음들과 공중에 매달려 있는 공에서 나오는 빛만이 열기를 더해갔다. 적나라하게 드러난 육체가 뿜어내는 탄탄하고 과격한 테크닉은 압도적이었다.

　1996년 2월 블루아 지방에서 초연된 이후 보리스 샤르마츠의 이 작품은 프랑스에서 가장 비중 있는 3대 무용 페스티벌에 연이어 초청받았다. 작품 선별에 있어 뛰어난 안목을 가지고 있는 아비뇽 겨울 무용축제, 바뇰레 국제 안무자 페스티벌, 파리 가을축제의 위원장들은 작품을 본 후 페스티벌에 초대하겠다는 약속으로 상찬을 대신했다. 이 제안은 아직은 어린 스물세 살 샤르마츠의 천재성을 프랑스 무용계가 인정한 것에 다름 아니었다.

　작품 제목 'AATT…ENEN…TIONON'은 'Attention'을 삼음절로 나누어 길게 소리나는 대로 늘여 적은 것이다. 음절과 마찬가지로 삼층으로 나누어 무대를 제작했고, 출연자도 세 명이었다. 음악 대신 하비[PJ Harvey]의 단순한 구음에 맞춰 세 사람은 각자 다른 리듬으로 움직인다. 각 음절이 길게 소리나는 순간이 다음 단계로 넘어가는 신호다. 삼층의 무대, 세 명의 무용수, 세 부분으로 나누어진 작품의 구성 등을 의도적으로 드러내기 위해 제목의 표기도 세 부분으로 나누어 적은 것이다. 감정묘사가 전혀 없이 긴장된 연속 동작은 평면이 대부분인 기존의 무대를 세로로 세워 놓은 세트 효과와 더불어 불안감마저 조성했는데, 정리된 삼박자의 구성은 이와는 반대로 보는 이로 하여금 여유 있는 시선을 갖게 했다. 세 명의 무용수들은 서로에게 아무 영향을 주고받지 않으며 각자의 리듬으로 조화를 이루고 있었다. 세련된 연출력이다.

관객은 유난히 긴장하고 어색해했다. 세로로 세워진 무대 위, 특히 삼층에서 춤추는 여자 무용수가 떨어지진 않을까 하는 걱정마저 들었다. 과격한 에너지로 몸을 바닥에 내던지는 동작은 무용수를 다치게 할 것만 같았다. 하체 노출로 인한 충격은 가시지 않았으며, 지정석 없이 자유로이 무대 주위를 돌아다니며 관람하는 분위기 역시 익숙하지 않았다. 그 자체가 '우리가 벌이고 있는 이 행위가 어디까지 발전되어갈지 주의깊게 보시오'라는 샤르마츠의 제안이자, 제목 그대로 〈주의 AATT⋯ENEN⋯ TIONON〉가 담고 있는 메시지에 다름아닐 것이었다.

유토피아를
꿈꾸다

: 에르스
Herses

1997년 9월 27일
브레스트 르 퀄즈 극장 초연

1997년 11월 5일
파리 테아트르 드 라 바스티유 관람

1996년 프랑스 무용계에 누드무용의 열풍을 몰고 왔던 보리스 샤르마츠가 신작을 발표했다. 10월 29일부터 11월 6일까지 테아트르 드 라 바스티유에서 공연된 〈에르스Herses, 쇠스랑〉는 파리 가을축제의 프로그램 중 하나로, 11월 한 달 유난히 많은 무용 공연으로 관객이 분산되었던 파리 무용계에서 관객 동원에 가장 성공한 화제작이었다.

현대무용 안무가라면 아마 누구나 한 번쯤은 나체로 무대에 서는 발상을 해보았을 것이다. 이사도라 던컨의 맥을 잇는 누드무용이 이미 1970년대 미국에서 유행처럼 성행했고, 프랑스를 비롯한 유럽에서도 어제오늘 나타난 새로운 현상은 아니다. 그러나 과연 자연으로 돌아가자는 누드주의도, 충격요법을 위한 얄팍한 상업적인 아이디어도 아니라면, 작년부터 특히 프랑스 무용계에 압도적으로 등장하는 누드무용은 어디에서 그 뿌리를 찾을 수 있을까. 누드무용에도 여러 형태가 있다. '내 신체 자체가 춤이다'라고 주장하는 제롬 벨의 작품은 해부학수업을 참관하고 있는 것과 같은 착각을 일으키게 할 정도로 작은 근육의 움직임 하나하나까지 보여주고 있으며, 자비에 드 프뤼토스의 경우에는 '포스트에이즈'적인 경향이 뚜렷하고, 보리스 샤르마츠의 경우는 유토피아를 꿈꾸는 쪽이다. 이렇듯 다양한 형태의 누드무용이 서너 명의 선두주자들에 의해 작품화되고 하나의 장르로 정착되는 것은 작품철학이 뚜렷할 뿐 아니라 동작언어가 색다르고 작품 구성이 뛰어나기 때문이다. 어떤 경향으로 인해 누드무용이 성행하는지 한마디로 규정하기는 어렵지만, 인간 본연의 모습으로 돌아가려는 욕망은 공통적이며, 현대사회를 사는 관객이 공감할 수 있는 표현력과 설득력 있는 수준의 작품을 보여주고 있는 것은 분명하다.

에덴동산의 전쟁과 화합

보리스 샤르마츠는 1993년 디미트리 샹블라스와의 공동작 〈일심동체〉에서 관객과 무용수 간의 거리를 없애려 시도한 이래, 1994년 〈부조화〉에서는 조각 작품과 신체의 움직임의 조화를 꾀했고, 1996년 〈주의 AATT…ENEN…TIONON〉에서는 군무가 갖는 무용수들 사이의 응집력을 깨뜨리는 등 신작을 선보일 때마다 신선한 시도를 꾀해왔다. 특히 세 명의 무용수가 티셔츠 하나만 입고 삼층짜리 철제 모형 위에서 춤추었던

〈주의 AATT…ENEN…TIONON〉를 발표한 이후 신세대 천재 안무가로 급부상했는데, 어린 나이임에도 오딜 뒤복, 레진 쇼피노 등 여러 유명한 안무가들과 함께 작업해온 그는 파리 국립 발레학교 출신으로, 테크닉 면에서도 단연 압도적이다. 안무가로서 데뷔한 그는 프랑스 3대 무용 페스티벌에 나란히 초청되는 등 실력 있는 무용가로 인정받고 있다.

이번 신작 〈에르스〉는 그의 네번째 안무작으로, 다섯 명의 무용수가 공연 내내 전라로 등장한다. 머리에 가발을 썼을 뿐, 소도구나 액세서리 하나 없다. 제목 '에르스'는 여러 가지 뜻을 가지고 있는데, 농기구인 쇠스랑의 의미 외에 조명기구를 뜻하기도 한다.

샤르마츠가 주장하고 싶었던 것은, 얼핏 평면적인 세계를 쇠스랑을 이용해 한자리에 모은다는, 지극히 단순한 의미로 이해된다. 그러나 '느린 도입'이라는 부제를 달고 있듯이 한마디로 설명하기에는 모호하고 광범위한 의미를 내포하고 있으며, 세 가지 다른 이상세계의 대립을 다루고 있기도 하다. 첫째, 자유로워진 신체와 자연의 조화가 꿈꾸는 이상세계. 둘째, 두 인간이 만나 하나의 커플을 이루어 탄생된 욕망의 세계. 그리고 마지막으로 공동사회로서의 세계가 그것이다. 세 단계로 나뉘어 전개되는 작품은, 헬무트 라첸만Helmut Lachenmann의 음악에서 비롯된 신비로운 상상력과 전라의 무용수들의 느린 동작이 한데 어우러져 에덴동산을 떠올리게 한다.

첫번째 이상세계, 두 쌍의 남녀가 잠들어 있다. 텁수룩한 머리에 알몸으로 바닥에 쓰러져 있는 인간들은 의식을 잃은 듯 몽롱해 보인다. 스쳐

지나가면서도 서로를 인식하지 못하고 사방을 헤매다닌다. 알몸인 것이 오히려 홀가분하다는 듯 그들은 바닥에 놓인 십자 모양의 나뭇단 위에서 가볍게 뛰어다니며 즐거워한다(한 여자는 잠시 가슴을 감싸쥐고 어색한 표정을 짓기도 한다).

두번째, 끊임없이 상대를 찾아 투쟁하는 욕망의 세계. 커플을 이룬 남녀는 에로틱한 포즈를 취하거나 사랑과 노스탤지어를 이야기하는 것이 아니라 전쟁과 화합을 표현해 보인다. 보리스 샤르마츠와 줄리아 시마가 만들어낸 동작들은 두 인간이 어울려 하나의 공동체를 이루는 것이 아니라 이미 하나였던 신체가 물리적인 힘에 의해 둘로 분리된 듯 유연하고 대담하다. 동작은 한껏 절제되고 간결하다. 누드이기 때문인지 복잡하고 에너지 넘치는 동작보다는 엄격한 규칙에 따라 움직이는 듯하다.

세번째 이상세계, 공동사회는 다섯번째 남자 무용수가 등장함으로써 비로소 이루어진다. 관능적으로 전개될 수도 있는 욕망이 절제된 동작으로 표현되었듯 다섯 명의 무용수가 엮어내는 사회는 서로 얽혀들고 의지하고 협동하며 한 방향을 향해 굴러가고, 하나의 몸으로 변형된 알몸의 육체들은 어느새 자연 그대로의 모습을 담고 있다. 제롬 페르누의 첼로 연주가 조용히 이어지면서 작품은 마무리된다―첼로 연주자는 에덴동산의 이방인인 듯 정장을 하고 있다.

〈에르스〉는 충격적이다. 샤르마츠의 뚜렷한 철학 아래 잘 훈련된 벗은 육체는 전혀 추하지 않고 상업적이지 않으며 오히려 순수한 아름다움을 드러내 보여 하나의 조각품을 보는 듯하다. 조명이 훌륭해서인지 포르

노와 같은 느낌은 전혀 받을 수가 없다. 오히려 한 시간 남짓 이어지는 에덴동산의 인간들은 천사를 떠올리게도 했고 어린아이를 보는 듯하기도 했다. 그것은 관객을 모독하려는 의도는 전혀 보이지 않았으며, 다만 진실을 이야기하고 있었다. 허상과 가식을 초월한 순수함의 극치에 달한 이상세계에서의 인간의 모습을.

7 안테레사 드 케이르스마커 De Keersmaeker, Anne Teresa

1960~

벨기에 댄스의
마지막 해방구, 미니멀리즘

: 타코마 협교
Bitches Brew/
Tacoma Narrows

2003년
브뤼셀 초연
2005년 4월 14일
LG아트센터 관람

현대발레의 거장 모리스 베자르가 등장하기 전까지 벨기에 무용은 세계무대에서 주목받지 못했다. 가까운 프랑스의 전통에 눌리고, 영국과 독일의 도발적 안무가들의 드센 역량에 밀려 딱히 내세울 만한 안무가가 없었다. 다매체 감각이 두드러진 얀 파브르를 제외하면 국제적으로 내로라하는 인물은 더욱 찾기 힘들었다. 때문에 벨기에 문화의 메카라고 할 수 있는 모네 왕립극장에 프랑스 출신의 베자르가 초대되었고, 그 후임 역시 미국 출신의 현대무용가 마크 모리스를 불러와야 했었다. 한데 전세를 역전시킬 여전사가 등장했다. 안 테레사 드 케이르스마커. 여리고 아리따운 소녀처럼 매력적인 외모와 달리, 그녀가 보여준 춤은 역동적이다 못해 공격적이었고, 자신감이 넘치다 못해 거만해 보이기까지 한 그녀의 성격이 작품 속에 그대로 배어 있었다. 놀라운 것은 이처럼 섬세한 폭발력을 가진 그녀의 안무가 우리를 순화시킬 만큼 격정적이었고, 결과적으로 이 시대의 카타르시스가 되어주었다는 점이다.

드 케이르스마커는 1960년에 태어나 음악과 연극을 공부하다가 열 살때 무용을 시작했다. 베자르가 세운 무드라 학교에서 본격적으로 다양한 장르의 무용을 배운 그녀는, 미국 유학을 통해 포스트모더니즘을 접한 후 귀국과 함께 선풍적 인기를 얻으며 벨기에 현대무용계의 혜성으로 떠올랐다. 여세를 몰아 1992년 모네 왕립극장 상주안무가로 취임한 그녀는 지금까지 벨기에 현대무용의 중심에 서 있다. 지난 3월 1일, 전화 인터뷰를 통해 그녀의 춤에 대한 생각들을 들어봤다.

음악에 탐닉한 안무가

"음악은 모든 예술 장르를 통틀어 내 인생에서 가장 중요합니다."

음악과 연극, 무용 중에서 결국 무용을 선택했지만 드 케이르스마커의 음악에 대한 열정은 변함이 없다. 그동안 발표한 스물여섯 편의 안무에서 그녀는 언제나 무용과 음악을 동일한 선상에서 풀어냈다. 그녀가 작품에서 다룬 음악들은, 바흐, 모차르트, 쇼팽, 버르토크, 몬테베르디, 퍼셀의 음악에서부터 영화감독 겸 작곡가 티에리 드 메이Thierry De Mey, 작곡가 겸 클라리네티스트 피터 베르미어쉬Peter Vermeersch 등 현대음악가들의 작품에 이르기까지, 다양하고 폭이 넓은데, 최근에는 인도음악에까지 도전하고 있다. 음악적으로 탁월한 감각을 자랑하는 안무가들은 적지 않지만, 그녀는 무한한 음악적 상상력을 몸짓으로 담아내는 남다른 재주를 가지고 있다. 그녀에게 음악은, 단순히 춤의 배경음악이나 안무를 위해 영감을 주는 차원을 넘어선다. 그녀의 작품은 마치 '음악을 춤추다' 혹은 '춤을 연주하다'라고 말하는 듯, 춤과 음악이 불가분의 법칙으로 움직인다.

"내가 만들어낸 동작들을 말로 정의 내릴 수는 없어요. 무척이나 다양한 동작들을 만들어왔기 때문에 한마디로 정의하기 힘들어요."

그녀는 언어가 가지는 표현력에는 한계가 있다고 생각한다. 자신이 만들어낸 동작들이 음악적이라는 데는 동의하지만, 그것만으로는 표현할 수 없을 정도로 다양하다고 생각한다. 1987년 그녀는 한 인터뷰에서 말한 바 있다.

"움직임을 말로 표현하는 방법을 찾기 위해 우리는 몇 시간이고 토론하죠. 마치 편집광들처럼."

오랜 세월 고민하고 토론한 결과 움직임을 말로 담아내는 것이 덧없다고 느낀 탓일까. 시종일관 말을 아끼는 그녀지만, 음악 이야기로 다시 화제를 돌리자 목소리에 생기가 돌았다.

"음악과 무용 사이에는 수많은 '전략'이 존재해요. 커닝엄과 케이지를 보세요. 음악을 춤으로 다루려는 욕구가 필요할 뿐이에요. 욕구만 있다면 두 장르의 결합은 무한합니다."

음악에 대한 견해만큼은 세월이 지나도 변함이 없었다. 음악에 탐닉하고 집중하는 안무가, 그녀가 이끄는 무용단의 이름은 로사스ROSAS다. 로사스에는 여러 의미가 담겨 있다. 스페인어로 장미꽃ROSA의 복수형이자 스페인 해안도시의 이름이기도 하고, '남미의 네로'라 불렸던 아르헨티나의 독재자 로사스Juan Manuel de Rosas 장군도 떠오른다. 단지 단어가 맘에 들어 선택했다는 이 이름은 이미 초기 작품 〈로사스는 로사스를 춤춘다 Rosas danst Rosas〉(1983)에서 강한 인상을 남겼다. '반복의 미니멀리스트'로서의 그녀를 세계적으로 각인시킨 이 대표작에서, 네 명의 여자 무용수들이 무대 바닥으로 떨어지며 만들어낸 소음은 음악의 공간과 춤의 공간의 경계를 넘나들며, 강한 악센트를 가진 새로운 움직임을 보여주었고, 그것은 움직임을 통한 미니멀리즘이 어떻게 구현될 수 있는지를 정확하게 보여주는 하나의 해답과도 같았다. 이 작품은 비디오댄스 버전으로 만들어져 더욱 그 명성을 더했다.

1990년대 말에 이르러 이러한 성향은 절정에 달했다. 미니멀리즘 작곡가로 유명한 스티브 라이히와의 교류 이후 발표한 작품들 〈드러밍 Drumming〉(1998)과 〈비Rain〉(2001)에서 그녀는 마치 악보의 마디가 춤에도 존재하는 듯, 움직임을 반복하고, 변형하며, 힘의 강약을 조율했다. 하나의 모티프에 집중하는 그녀는, 작품 내내 이를 반복하며 강조하고, 감정을 억제한 채 끝까지 나아간다. 그사이 관객들은 미니멀리즘의 정수를 확인하며 그 안에서 카타르시스를 경험하게 되는 것이다.

젠더를 넘으니 타코마 협교가 보이다

1991년 파리 테아트르 드 라 빌에서는 예외적인 공연이 있었다. 연초 초연으로 올렸던 드 케이르스마커의 〈배후지역Achterland〉을, 연말 앙코르 공연으로 다시 무대에 올린 것이다. 아방가르드 프로그램으로 명성이 나 있는 이 극장으로서는 보기 드문 일이었다. 시즌이 끝나는 6월이면 피나 바우슈의 작품이 기다리고 있고, 그 외에도 늘 분주할 정도로 세계적인 안무가들의 신작을 빽빽하게 올리는 극장에서 벨기에 출신 신인 안무가의 작품에 특별한 애정을 보인 이유는 무엇이었을까. 리게티의 선율에 맞추어, 다섯 명의 여자 무용수들이 여성 특유의 섬세한 감정을 바탕으로 격정의 무대를 선보인 〈스텔라Stella〉가 전해주었던 신선한 충격을 기억하는 관객이라면, 같은 음악에 덧붙여진 외젠 이자이의 바이올린 소나타와 함께 등장한 세 명의 남자 무용수가 남긴 인상에 적잖은 충격을 받았을 것이다. 더욱이, 초기작부터 연이어 세 작품을 여성 무용수들과만 작업해온 드 케이르스마커가 또다른 젠더를 통해 던진 화두 역시 여성의 파워에 관한 자문이었다.

로사스의 첫 내한공연작은 〈비치스 브루/타코마 협교Bitches Brew/Tacoma

Narrows〉다. 음악에서 모든 해답을 구하곤 하는 드 케이르스마커는, 이번에는 재즈와 록에 많이 의존하고 있다. 열세 명의 연주자와 열세 명의 무용수가 마치 재즈처럼, 즉흥적인 움직임의 묘미를 선사하는 이 작품은, 마일스 데이비스의 명반 '비치스 브루'와 건설 사 개월 만에 무너진 타코마 협교의 이미지를 하나로 잇고 있다.

"춤이 완전한 즉흥적이라고 볼 수는 없어요. 무용수들이 매 공연마다 전혀 다른 움직임을 보여주는 것은 아니에요. 이미 짜여진 즉흥이라고 해야겠죠."

타코마 협교의 진동이 느린 화면으로 영사되고, 이어지는 붕괴 장면이 무용수들의 움직임과 같은 메시지를 전달한다. 비극적이라고도 할 수 있을 이 장면은 디스코와 힙합, 브레이크댄스 등 스트리트댄스에서 가져온 낯익은 동작들과 어울려 오히려 친근하게 비쳐진다.

드 케이르스마커는 지난 1995년 무드라 학교에 버금가는 교육기관을 목표로 PARTS를 설립, 그사이 벌써 시디 라르비 셰르카위^{Sidi Larbi Cherkaoui}와 같은 탁월한 안무가를 배출해내며 짧은 시간 안에 놀라운 성과를 보여주었다. 또한 1996년부터는 '발 모데른^{Bal Moderne}' 프로젝트를 꾸준히 선보이고 있는데, 이는 삼 분짜리 안무가들의 레퍼토리를 사십오 분 동안 즉석에서 배우고 함께 춤추며 즐기는, 일반 대중들을 위한 일종의 파티이다. 이렇게 교육과 문화 저변 확대에 힘쓰고 있는 그녀의 최근 동향이 짐작게 하듯 미니멀리즘에 집중되어 있던 안무 역시 큰 변화를 보인다.

　　"〈페임Fame〉의 분위기를 연상하면 될 거예요. 미니멀리즘과는 거리가
　　멀어요. 열정과 환호가 기다리죠. 제 작품 중에서 가장 활기찹니다."

　　거친 동작과 자유로움이 조화를 이루고, 침울함과 생명력이 교차하
고, 즉흥적인 것과 정교한 짜임새가 극적으로 대비되는 드 케이르스마커
의 최근작에서 관객들은, 구십여 분에 걸쳐 축제의 열정과 긴장감을 동시
에 맛보게 될 것이다.

8 델핀 드크플레 Delnafle Philippe

1961~

그는 우리를
행복하게 만든다

: 드코덱스
Decodex

1995년 7월 15일
마르세유 지중해 축제 초연

1995년 11월 4일
보비니 극장 관람

알 베 르 빌 에 서 탄 생 한 이 단 아

1992년 2월 8일 일몰이 시작되는 오후 다섯시 십오분, 프랑스 알베르빌에서 열린 제16회 동계올림픽 개막식은 동화 속의 잔치를 벌여놓은 듯했다. 그동안 보아왔던 엄숙하고 딱딱한 올림픽 개막식과는 거리가 먼 한바탕 '서커스 쇼'와 같은 퍼레이드가 펼쳐진 것이다.

개막식 선포 역시 저명인사가 아닌 무용수 크리스토프 살랭그로^{연극배우 출신 DCA무용단원}가 나섰다.

"당신들을 위해서 축제를 열겠습니다. 행복의 순간을 선물합니다!"

어둑어둑해지자, 스타디움 곳곳에서 만화영화에서나 봄직한 마술의 세계가 펼쳐졌다. 달팽

이 모양의 거대한 관악기가 들어오더니 나팔 안에서 무용수들이 쏟아져 나왔고, 파충류처럼 기괴하게 차려입은 수십 명의 무용수들이 참가국 국기를 들고 롤러블레이드를 타고 돌아다녔다. 53미터 높이의 철제 기둥을 중심으로 새의 몸짓을 나타내는 공중발레가 펼쳐졌고, 장난기 넘치는 제스처와 수화를 이용한 움직임까지, 다양한 볼거리가 청중들을 사로잡았다.

개최국의 역사를 그려 보이는 거창한 시놉시스에 따라 진부하게 전개되는 올림픽 개막식의 관행을 과감히 떨쳐버린 이 환상적인 축제의 장은 전 세계에 큰 감동을 남겼다. 구백 명의 어린이를 포함, 전체 삼천 명이 참여한 개·폐회식은 올림픽 역사상 가장 기억에 남는 행사로 지금까지 회자되고 있다.

개·폐회식을 연출한 당시 서른 살의 프랑스의 신예 안무가 필립 드쿠플레는 동계올림픽의 최고 스타 중 한 사람이 되어 세계 문화계에 깊은 인상을 남겼다. 그날의 이미지를 담아 '드쿠플레식의 연출'이라는 뜻의 '드쿠플러리Decoufleries'라는 신조어가 탄생했을 정도로, 드쿠플레가 보여준 무용, 서커스, 마임, 연극을 혼합한 예술세계는 다른 예술가와의 것과는 확연하게 다른 '드쿠플레만의 것'이었다.

드쿠플레는 알베르빌 동계올림픽이 열리기 삼 년 전인 1989년 7월 프랑스혁명 200주년 기념 퍼레이드에서 〈장화의 춤〉을 통해 비슷한 표현방식을 선보인 바 있었다. 대중들은 환호했으나 예술계에서는 혹평이 이어졌다. 순수예술을 지향하는 이들에게 어린아이와도 같은 그의 장난기는 크게 거슬렸다. 그러나 놀랍게도 미테랑 대통령과 자크 랑 문화부 장관은 원로예술가의 명망 대신 새로운 아이디어를 선택했고, 그 덕분에 알베르빌에서 '천재 이단아'가 탄생했다. 21세기형 복합장르 예술가는 그렇게 세상에 자신의 존재를 알렸다.

자유로운 영혼이 창작의 원천

드쿠플레는 저명한 사회학자 앙드레-클레망 드쿠플레와 저널리스트인 어머니 사이에서 태어났다. 어린 시절 그는 공부에는 관심이 없는 대신 그림 그리기를 좋아했다고 한다. 결국 15세에 학교를 그만두고 마르셀 마르소 마임학교에 입학했지만, 같은 것을 반복하는 수업이 싫어, 역시 한 달 만에 그만두었다. 다행히 그즈음 프랑스 국립 서커스학교가 설립되었고, 재주와 곡예수업 등에 푹 빠진 드쿠플레는 신체 표현 기술과 오브제와의 연관성 등을 배웠다. 뒤이어 입학한 앙제 국립 현대무용학교에서는 당시 교장이었던 알윈 니콜라이로부터 의상, 조명, 소도구 등을 활용한 연출을 배웠다. 총체예술의 선두주자로, 장르의 경계를 과감하게 허물고 그 경계를 자유롭게 넘나드는 그의 문화적 뿌리는 이런 교육과 무관하지 않다.

창작을 시작하고부터는 초현실주의, 다다이즘, 바우하우스 학파로부터 많은 영향을 받았다. 록음악, 만화, 비디오게임을 통해 상상력을 기르고, 그로부터 영감을 얻어 서커스, 마술, 비디오, 무대장치 등을 총동원해 혼합하는 것을 창작의 원동력으로 삼았다. 사진작가, 아트디렉터, 영화제작자, 일러스트레이터로 활약한 장-폴 구드, 초기부터 줄곧 의상디자인을 맡아온 필립 기요텔 등 몇몇의 예술가도 큰 영향을 주었다.

> "미래의 예술작품은 공동작업으로 태어난 작품이 될 것이다. 오직 공동이라는 개념의 욕구 속에서만 탄생 가능하다. 그리고 그 욕구는, 다방면의 예술가들이 한 장소, 같은 시간에 같은 목적으로 모여 작업할 때만이 생겨날 수 있다."

1983년 설립한 자신의 무용단 이름 'DCA'는 그의 예술철학을 한마디로 정의하고 있다. 약자 D는 다양성^{Diversité}, C는 동지애^{Camaraderie}, A는 민첩성^{Agilité}이라는 풀이처럼 다양한 장르의 예술가와 교류하며 최첨단의 예술을 만들어간다는 의지가 담겼으며, 이것이 곧 그의 예술활동의 핵심이다.

DCA 창단의 힘이 되었던 처녀작 〈묘한 카페^{Vague Café}〉가 바뇰레 안무 콩쿠르에서 문화부장관상을 받음으로써 스물두 살의 나이로 촉망받는 신인 안무가의 대열에 들었고, 이후 〈케이크 한 조각〉(1984), 〈코덱스〉(1986), 〈테크니컬러〉(1988), 〈트리통〉(1990), 〈무대 위에 소품들〉(1993), 〈드니즈〉(1995) 등은 모두 성공작으로 평가받았다.

진지하지 않아 재밌고, 어설프지 않아 빠져든다

'혼이 나갈 정도로 자유분방한 열기의 폭발' '만화영화를 보는 듯 호기심 넘치는 모험의 연속' '마술의 세계에 들어간 듯한 착각을 일으키는 환상적인 무대' '번뜩이는 재치가 샘처럼 솟아나는 장난꾸러기의 재미난 이야기'……

드쿠플레의 작품에 쏟아진 호평들이다. 그의 작품을 본 사람들은 대부분 단번에 그 독특한 작품세계에 흠뻑 빠져들곤 한다.

드쿠플레의 공연은 늘 막이 오르기 전에 시작한다. 입장하는 관객들에게 사탕을 나누어주던 무용수가 그대로 무대로 뛰어오르거나, 극장 로비의 뮤직박스 안에서 삽화 형식의 단막극이 펼쳐지는 등, 그는 정식定食 전에 꼭 애피타이저를 준비해두곤 한다. 그리고, 관객들은 멋진 애피타이저와 함께 기꺼이 극 속으로 끌려들어간다.

일단 한번 끌려들어가면 넓은 무대공간/극장을 섬세하게, 구석구석 활용한 연출은 관객이 지루할 틈이 없게 만든다. 여기에 쏟아지는 흥거운 에피소드는 정신을 잃을 정도로 재미있다.

삽화 속에서 튀어나온 벌레들의 이야기

1995년 10월에 개막, 12월 7일까지 보비니 극장에서 공연된 신작 〈드코덱스Decodex〉는, 그동안 여러 다양한 작품들을 선보여왔지만 그때껏 발현되지 않은 다른 잠재력을 찾아내기 위해 구 년 전의 작품 〈코덱스〉의

후편을 만들어본 것이라고 한다.

불어의 '코덱스^{Codex}'는 '약전藥典'이라는 뜻으로, 드쿠플레가 여행중에 우연히 들른 오래된 의학연구소에서 발견한 의학사전을 말한다. 무심히 책장을 넘기던 그는 어느 삽화를 통해 호기심 넘치는 모험을 경험하게 되었고, 그후 세균과 사마귀, 새를 연구하고 나아가 기하학과 해부학, 천문학에까지 관심을 넓힌 드쿠플레가 그 상상의 세계를 펼쳐 보인 작품이 〈코덱스〉이다. 그는 여전히 또렷하게 기억에 남아 있는 그때의 인상을 관객들과 함께 나누고 공감하고 싶다고 말한다.

그 삽화가 워낙 강렬한 인상을 남겼기에, 훗날 독이 있는 성게에게 쏘여 의식을 잃었을 때도 그 그림만이 떠올랐다고 하지만, 그는 이를 평면적으로 펼쳐 보이지 않았다. 단순히 모방하고 설명하는 것이 아니라, 각 장면마다 뚜렷한 자신만의 메시지를 삽입했다. 십 년 가까이 함께 작업해온 무용수들은 무대 위에서 각자의 개성에 맞는 역할을 찾아 또다시 여행을 떠났다. 특히 장신長身의 크리스토프 살랭그로가 여자 무용수와 이인무를 출 때는, 그들이 마치 타임머신을 타고 멀리 미래로 날아간 듯한 착각을 불러일으키기도 했다.

드쿠플레는 무용수의 동작과 동작마다 조직적인 에너지를 과감히 드러내고, 인간이 움직이는 모습을 최대한 확장시켜 시화詩化했다. 오브제는 사람의 몸과 사물을 일체화시켜놓은 듯 정교하고, 그가 만들어내는 유머는 감정에 충실하되 과장되지 않았다. 필립 기요텔이 디자인한 의상과 오브제는 드쿠플레의 육체와 만나 기이한 한 마리 벌레로 탄생했는데, 그 벌레의 모습은 마치 진짜 삽화가 살아 움직이는 것과 흡사했다.

예술사를 뒤져보면 전방위 예술가는 수없이 많다. 복합예술은 여러 양식으로 발전하고 있어 드쿠플레가 독보적이라고 할 수도 없다. 하지만, '드쿠플러리'에만 존재하는 예술혼은 분명 있다. 안무가, 연출가를 뛰어넘어, 광고제작자, 이벤트기획자로 거침없이 변신하면서도 시종일관 지키고 있는 것이 있다면 그것은 바로 '인간미'와 '유머'이다. 긍정적이고 낙관적인 그의 성격은 어떤 작품에서든 밝은 이미지로 살아 있다. 아주 짧은 광고에서도, 긴 공연에서도 우리는 그와 만나면 일순간 행복해진다. 행복 바이러스는 아무나 퍼트릴 수 없다.

9 나초 두아토 *Duato, Nacho*

1957~

당신을 위해
선택한 죽음은
잃어버린 낙원으로 가는
통로입니다

: 아칸젤로
Arcangelo

2000년 5월 31일
마드리드 레알 극장 초연

2002년 7월 22일
예술의전당 오페라극장 관람

: 살라파르타
Txalaparta

2001년 5월 18일
마드리드 레알 극장 초연

2002년 7월 22일
예술의전당 오페라극장 관람

: 너무나 사랑하는 그대
Por Vos Muero

1996년 4월 11일
마드리드 레알 극장 초연

2002년 7월 22일
예술의전당 오페라극장 관람

발레의 정형화된 테크닉과 현대무용의 자유로운 사상이 만나 모던발레라는 새로운 장르가 탄생한 지도 어느새 한 세기가 넘었다. 발레 뤼스 Ballets Russes가 주도한 신고전주의 발레에 이어 모던발레의 예술철학을 이끌어온 안무가를 꼽는다면 누구보다 조지 발란신과 모리스 베자르를 들 수 있을 것이다. 니진스키의 주장대로 발레에서도 신체 관절의 끊고 맺음을 보여주고자 했던 신고전주의 발레의 초기 특성에 비하면, 무용수의 보다 긴 선을 강조하기 위해 만들어진, 직각을 벗어난 데블로페 Développé, 한 다리를 느리게 위로 들어올려 발끝까지 펴는 동작라든가 자유자재로 꺾고 돌리며 경쾌한 발끝이 만들어내는 삼차원적인 포즈 등 이들 1세대가 개발한 기술은 극히 혁신적이었다.

이후 유럽을 중심으로 각자 자신만의 철학을 바탕으로, 보다 현대적인 움직임을 개발하는 데 중점을 둔 2세대 안무가들이 주목을 받았는데, 이르지 킬리안, 존 뉴마이어, 마츠 에크, 윌리엄 포사이스 등이 그들이다. 이들은 연극과 조형예술 등 다른 예술 장르와의 접목을 통해 새로운 예술 세계를 구축하는 놀라운 업적을 남겼다.

그 뒤를 잇는 3세대 안무가로, 국립발레단이 소개한 바 있는 〈로미오와 줄리엣〉의 장−크리스토프 마이요, 마크 모리스, 나초 두아토 등을 꼽을 수 있는데, 이들은 모던발레가 컨템퍼러리 발레로 돌아서는 데 크게 기여한 안무가들이라고 볼 수 있다. 물론 아직까지는 발레계에서 '모던'과 '컨템퍼러리'의 구분이 명확하지 않은 전환기라 볼 수 있지만, 세계적인 흐름이 그들의 영향으로 이렇게 이어져온 과정을 살펴보면, 모던발레가 앞으로 어떤 방향으로 전개될 것인지에 대한 해답 역시 이들이 제시해 줄 것이다.

그런 가운데 컨템퍼러리 발레의 현주소를 알려준 장본인으로 불리는 나초 두아토가 스페인 국립무용단과 함께 첫 내한공연을 선보였다. 그의 세 작품은 유연한 흐름을 기본으로 한 경쾌한 악센트의 움직임, 날렵하면서도 끈적끈적한 유동적인 속도감 등 한마디로 정의 내리기 어려운 모던발레의 새로운 경향을 보여주기에 손색이 없다.

움직임마다 묻어나는 지중해의 정서

섬세한 감각으로 분석한 음악과 순수한 움직임의 결합, 이것이 바로 두아토의 안무철학이다. 이번 공연 중 〈아칸젤로〉에서 보여주었듯이, 그는 음악이 갖는 악센트와 신체 근육이 조화를 이루기가 쉽지 않아 많은 안무가들이 어려워하는 바로크음악을 아무 제약 없이 다루고 있다. 음악을 분석하는 데 가히 천재적이라 할 수 있는 그가 바로크음악을 정복하기 위해 꾸준히 도전해온 결과일 것이다.

무대 중앙과 옆을 높이 에워싸고 있는 황금색 천이 만들어낸 현대적인 무대에서 꺾인 듯한 무용수의 허리 동작은 신성한 느낌마저 주었다. 천국과 지옥의 모습을 모두 담고 있다는 이 작품은 '죽음이 바로 낙원으로의 통로'라는 주제답게 무엇보다 절제된 감정표현이 돋보였다.

바스크 지방의 타악기에서 영감을 얻은 〈살라파르타〉는, 지금까지의 어떤 작품보다 두아토가 무대장치에 신경을 쓴 작품이 아닌가 싶다. 타악기가 소재인 만큼 매 순간 소리에 집중하고 예민하게 주의를 기울여야 했지만, 풀어진 뫼비우스의 띠 형상을 한 거대한 조형작품은 공연 내내 미미하게 움직이며 관객들의 시선을 잡아끌고 있었고, 구르고 뛰며 자유롭게 움직이면서도 한순간도 흐트러짐이 없는 듀엣과 탄력이 넘치는 동작들을 구사하는 무용수들은 하나같이 명치끝에서 뿜어내는 호흡이 발끝까지 이어지는 놀라운 힘을 보여주었다.

〈너무나 사랑하는 그대〉는 다른 두 작품보다 오래된 작품인 만큼 ^{1996년 초연} 섬세하게 다듬어진 연출과 노련한 연기가 돋보였다. 춤을 의사표현의 한 방법으로 사용했던 르네상스시대의 사회적인 풍토를 소재로 한 이 작품은, '춤에게 바치는 춤'이라는 안무가의 설명에도 불구하고 은유적으로 보여주는 남녀 간의 진한 사랑이 돋보였다. 낮은 남자 목소리로 가르실라소 데 라 베가Garcilaso de la Vega의 아름다운 시가 간간이 들려오는 가운데 '당신을 위해 죽을 것'이라고 고백하는 구절에 이르러서는 르네상스시대의 문화를 암시하는 의상이나 향 같은 소품들에도 불구하고 열정으로 녹아내린 불멸의 사랑이 느껴졌다. 두아토는 남녀 이인무를 통해 감성과 테크닉이 균형을 이루는 '동작의 알레고리'를 실현해 보이고 있었다.

간혹 모던발레계의 선배 이르지 킬리안과 두아토를 비교하는 이들도 있지만 킬리안과 두아토의 예술세계를 비교하는 데는 무리가 있어 보인다. 움직임의 특성 정도를 언급한다면 몰라도 작품을 이끌어가는 구성력이나 대작을 자유자재로 흥미진진하게 요리하는 연출력을 가진 킬리안에 대해서는 두아토의 스승 격이라고 해도 과언이 아닐 것이다. 두아토 자신이 가장 영향을 많이 받은 안무가로 킬리안을 꼽기도 했지만, 세대가 다르다는 점을 감안해도 스승이라는 표현이 보다 어울릴 것이다. 물론 두아토가 킬리안보다 더욱 감수성이 풍부한 동작을 선보이고 또 지중해라는 노스탤지어를 제시함으로써 관객들을 매료시킨 것은 그만이 할 수 있는 특별한 능력일 것이다.

바흐를 녹여낸 열정,
또 한번 우리를 매료시키다

: 멀티플리시티
Multiplicity

2002년 3월 21일
러시아 미하일로프스키 극장 초연

2004년 4월 30일
예술의전당 오페라극장 관람

스페인 국립무용단의 〈멀리플리시티〉는 공연 내내 관객을 압도했다. 모던발레의 현주소를 보여주는 스페인 출신의 안무가 나초 두아토는, 첫번째 내한공연과 마찬가지로 이번에도 뛰어난 음악감각과 독창적 움직임으로 관객들의 눈과 귀 그리고 마음을 흠뻑 취하게 했다. 이성적이고 진지한 바흐의 음악을 몸으로 풀어내는 데 있어 인간 바흐를 담겠다는 메시지가 강하게 드러나는 한편, 바흐의 음악이 이토록 신날 수 있을까 싶을 정도로 상쾌하면서도 정열적이었다.

총 스무 개의 콜라주로 이루어진 〈멀티플리시티〉는, 바흐와 첼로로 분한 여자 무용수가 보여준 관능적인 파드되, 코르셋을 짧게 자른 듯 기이한 의상을 입은 남성 듀엣, 코믹한 동작으로 오케스트라를 묘사한 군무 등 이미지 연출에 주력한 1부와, 주로 푸가와 칸타타 위로 그려지는 바흐의 내면세계가 강조된 2부가 서로 대조적이면서도 섬세한 구성으로 특별한 재미를 더하고 있었다. 제목 '멀티플리시티'가 의미하는 다양성을 표현하는 데 이보다 더 훌륭한 구성은 있을 수 없으리라 생각될 만큼 빠르고 진지하게 이어지는 다양한 춤들의 콜라주는 바흐의 음악을 더욱 열정적인 것으로 승화시켰다.

가장 존경하는 음악가이기에 그동안 바흐의 음악으로 작품을 만들 엄두를 내지 못했다는 두아토의 고백에서도 알 수 있지만, 바흐에 대한 두아토의 존경심은 작품 구석구석에서 묻어났다. 무대 위에서는 좀처럼 보기 힘든 두아토가 직접 안무가로 분해 바흐에게 음악을 사용해도 좋겠냐고 요청하는 장면―두아토의 갑작스런 부상으로 안타깝게도 이번 공연에서는 삭제되었지만―이나, 인물의 성격을 강조하기 위해 바흐 역을 맡은 무용수만 바로크시대의 의상을 입힌 점, 죽음 앞의 바흐의 모습을 표현하면서 어쩔 수 없이 어두운 면이 강조되긴 했지만 긍정적인 이미지를 삽입한 점 등에서 우리는, 인간 바흐를 흠모하는 두아토를 충분히 느낄 수 있었다.

이러한 의도를 표현해내기 위해 두아토는, 지극히 자연스럽고도 편안한 동작들 사이에 강한 제스처를 과감하게 삽입했다. 발목과 손목 관절을 꺾어 뒤로 넘기며 돌진한다거나 주먹을 쥐면서 머리를 상하좌우로 움직이는 동작들은 두아토 특유의 코드로, 이미 여러 작품에서 강조되어 스페인의 정서를 담고 있다는 평을 들은 바 있지만, 이번에 바흐의 음악과 만나서는 오히려 더욱 이국적인 정취를 드러냈다. 수직상승을 추구하는 발레 동작을 거부하는, 지면으로부터 에너지를 끌어내는 두아토만의 또다른 춤의 언어는 도약보다는 회전과 착지에서 그 진가를 보여주었으며, 더욱이 무대 뒤편의 비탈진 구조물 위에서 펼쳐진 자유스런 몸짓의 피날레 군무는 고전발레의 코르 드 발레^{군무}가 담고 있는 웅장함을 담아내기도 했다.

한국 사람들이 유독 두아토의 작품에 매료되는 이유는 무엇일까. 두아토가 그려 보이는 스페인의 정서가 우리의 그것과 맞닿아 있기 때문일까. 작가정신이 투철한 두아토의 메시지가 발레 동작과 어우러져 이해하기가 보다 쉽기 때문일까. 아니면 우리는 두아토의 춤의 언어가 갖는 유연한 세련미를 흠모하는 것일까. 한 가지 이유를 딱 꼬집어말할 수는 없지만 나초 두아토는 한국인이 뽑은 이 시대 최고의 모던발레 안무가임에 틀림없다.

10 마츠 에크 *En. Mats*

1945~

고전을 되살리는
풍자극의 선구자

: 백조의 호수
Swan Lake

1987년 11월 10일
우메오 초연

1990년 5월 9일
파리 테아트르 드 라 빌 관람

2003년 4월 3일
LG아트센터 관람

스웨덴의 수도 스톡홀름에서는 시장보다 안무가가 더 유명한데, 마츠 에크가 바로 그 안무가이다. 구성이 대담하고 솔직한 동작 연출이 탁월할 뿐 아니라, 너무나 잘 알려져서 오히려 지루하게 느껴지기도 하는 고전발레 레퍼토리에 새로운 생명력을 불어넣어주는 아이디어가 빛나는 에크는 날카로운 시각으로 사회를 풍자한다.

솔직함만이 스스로를

존중하고, 아름답게 보이는 길이다

마츠 에크는 1945년 스웨덴 말뫼^{Malmö}에서 무용가 비리트 쿨베리와 연극배우 앤더스 에크 사이에서 태어났다. 어린 시절 그는 무용에 특별한 재능이나 관심을 보이지 않았다. 여덟 살

때 어머니 비리트 쿨베리가 안무한 〈메디아〉에 연극배우로 활동하던 쌍둥이 누이 마린 에크와 함께 출연한 경험이 전부였던 그는, 자라면서 조금씩 예술에 눈을 돌리기 시작했고, 열일곱 살이 되던 해 처음으로 스톡홀름에서 개최된 현대무용 여름학교에서 무용을 접했다. 이때만 해도 마츠 에크는 무용보다는 연극에 더욱 심취해 있었다. 대본을 연구하는 것이 취미였던 그는, 대학에서 연극을 전공하고, 졸업 후에는 1966년부터 1973년까지 스톡홀름의 한 인형극단에서 대표를 맡기도 했다. 이즈음부터 그동안은 크게 관심을 보이지 않았던 무용예술에 관심을 보이기 시작했으며, 간간이 그의 어머니가 이끄는 쿨베리 발레단에서 무용을 연습하던 중, 1975년 뒤셀도르프에서 무용수로 데뷔했다. 그리고 같은 해, 처녀작 〈사관의 하인〉을 발표했다. 서른 살의 늦은 데뷔였지만, 비상한 재주가 숨어 있었던지 스웨덴 무용계가 일제히 그를 주목했다. 이후 직접 안무를 하고 출연한 작품 중에서도 특히 〈성 조지St. Georges와 용〉(1976)은 발표 당시 코믹하고 유머 넘치면서도 그로테스크하다는 평을 들었는데, 동작은 물론 의상과 분장까지도 파격적인 작품이었다. 그후 빠르게 성장한 그는 1978년 어머니와 함께 쿨베리 발레단의 공동 예술감독을 맡았으며, 칠 년이 지난 후엔 독자적으로 이 발레단 운영에 나섰다.

마츠 에크의 작품세계는 쿠르트 요스와 그의 어머니 쿨베리로부터 큰 영향을 받은 것으로, 신체의 움직임을 강조하기보다는 한 편의 무용극을 통한 스토리 전달에 중점을 둔다. 그가 만들어내는 동작들은 '표현' 그 자체에 초점이 맞추어져 있으며, 시적이거나 우아한 신체의 아름다움 대신

노골적일 만큼 솔직한 감정전달에 주력한다. 간혹 동물과도 같은 움직임이나 유머러스한 표현들이 강조되는 것도 이 때문이다. 두 손을 앞으로 모으고 온몸을 앞뒤로 뻣뻣하게 흔들거나 여자 무용수가 남자 무용수의 다리를 미끄럼 타면서 내려온다거나, 상반신을 굽힌 채 등과 허리가 물고기처럼 빠르게 굴곡을 그리는 식인데, 이것들은 그를 대표하는 동작으로 꼽을 정도로 여러 작품에서 발견할 수 있다.

"나는 언제나 나의 내면세계에 의존한다. 움직임은 추상적이거나 장식적이어서는 안 된다. 움직임 하나하나는 그 의미를 구체적으로 보여주어야 한다. 그렇지 않으면 무용수의 신체의 아름다움만을 피상적으로 느낄 수밖에 없다. 솔직함만이 자신을 존중하며 아름답게 보이는 길이다."

이렇듯 솔직함을 강조하는 그의 작품들은 도시적인 동시에 목가적이다. 구체적이고 노골적인 동작들이 세련된 연출 속에 치밀하게 배열되어 있기 때문이다.

맨발의 대머리 백조

사랑하는 연인에게 배신당해 정신병원에 간 지젤(〈지젤〉, 1982), 맨발의 대머리 백조(〈백조의 호수〉, 1987), 시가를 입에 문 카르멘(〈카르멘〉, 1992), 마약중독자 오로라(〈잠자는 숲속의 미녀〉, 1996)…… 마츠 에크는 고전을 오늘날의 시각으로 파헤치고, 그 안에서 현대인이 공감할 수 있는 전혀 새로운 캐릭터를 창조해낸다.

〈백조의 호수〉에는 지그프리트 왕자를 빼고 무용수들이 모두 대머리로 등장한다. 초연 당시에는 고전을 망가트렸다는 비난을 받기도 했으나, 에크는 고전이라는 답답한 틀을 과감하게 깨부순 혁명가에 다름아니다.

어머니의 지나친 보호에서 벗어나기 위해 투쟁하는 아들 지그프리트 왕자는 오이디푸스 콤플렉스에 시달리지만, 백조를 통해 정체성을 찾아가는 노력으로, 고전과는 정반대의 해피엔딩을 맞는다.

에크는 캐릭터와 줄거리뿐 아니라 동작에 있어서도 일대 혁명을 일으켰다. 왕비가 하인과 정사를 나누거나 무용수들이 무대 위에 전라로 등장하는 모습이 너무나 충격적이어서, 안무가가 대체 어디까지 의도한 것인지 제대로 인지하기 어려울 정도이지만, 주제를 해체하는 그의 남다른 시각만은 무엇보다 명확했다. 여자, 남자, 흑인, 동양인 등 모든 대머리 백조들이 한데 모여 맨발로, 맨다리를 드러내고 춤을 춘다. 발레 무대 위에서는 너무나도 낯선 장면이라 놀라지 않을 수 없지만, 간간이 우스꽝스러운 동작들이 그로테스크한 분위기를 잠시 걷어낸다. 흑조가 왕자를 유혹하는 장면은 어린아이들이 장난치는 모습을 그대로 옮겨온 듯 우아한 백조의 몸짓이 아니라 뒤뚱거리는 오리의 움직임을 그려 보이며, 무용수들은 때때로 깔깔거리며 웃어대기까지 한다.

왜 마츠 에크의 백조를 우아함 대신 맨발과 대머리로 장식했을까? 동시대인이 공감할 수 있는 캐릭터를 만들려고 했다는 그의 대답처럼 백조의 동물적인 근성을 강조함으로써 인간의 내면에 솔직하고자 했으리라. 정상적인 왕자라면 이웃나라 예쁜 공주를 보고 사랑에 빠졌을 터, 인간이 아닌 백조를 통해 정체성을 찾아가는 줄거리는 개인주의와 물질주의에 빠진 현대인의 자화상일지도 모른다.

마츠 에크는 분명 대머리 백조를 통해 강한 메시지를 전달했다. 고전을 재해석한 탄탄한 스토리와 발레의 틀을 벗은 자유로운 움직임이 만나 춤에 대한 고정관념을 완벽하게 깼다. '발레는 환상을 이야기하고, 우아한 동작으로 춤추는 대신 현실을 말해야 하고, 자연스런 동작으로 춤추어야 한다'는 에크의 철학은 곧 컨템퍼러리 발레의 정신이 되었다.

11 얀 파브르 Fabre Jan

1958~

옷은 벗었으되
말의 군더더기는……

: 눈물의 역사
L'Histoire des
Larmes

2005년 7월 8일
아비뇽 페스티벌 초연

2006년 2월 10일
예술의전당 오페라극장 관람

그는 이제 '예술'이 아닌 '철학'을 하고 싶었던 것일까. 그에게 쏟아진 야유는 어쩌면 전혀 파격적이지 않은 아방가르드에 대한 비아냥거림이 아니었을까.

'현대의 다빈치'라 불리는 얀 파브르의 〈눈물의 역사〉를 보면서 들었던 의문이다. '알몸 노출'로 인한 선정성 비난에서부터 '이 시대 최고의 전위예술가'란 극찬까지, 다양한 기대와 우려가 한꺼번에 쏟아진 이 무대를 보고 난 느낌은 한 가지였다. 〈눈물의 역사〉를 '뛰어나다'고는 할 수 있겠지만 '최고'라 하기엔 섣부르다는 것.

해부학을 공부한 때문일까. 파브르는 인간의 몸이 칠십오 퍼센트의 물로 이루어졌다는 점에 착안해 '체액 삼부작'을 만들었는데, 그 완결

편이 〈눈물의 역사〉다. 그에게 삶이란 축축함과 건조함 간의 팽팽한 긴장과 투쟁의 연속이다. 메마른 대지를 적시기 위해 인간은 끊임없이 자신의 물, 즉 눈물과 땀과 오줌을 쏟아내지만, 그 양은 턱없이 부족하다. 결국 우리의 삶은 건조한 종말을 맞는다. 눈물의 진정한 의미를 아는 사람은 고독하다.

이 공연은 '절망의 기사' '개' '바위'로 명명된 세 인물이 이끈다. 절망의 기사는 희망의 다른 이름이다. 패배할 수밖에 없는 투쟁이지만 그는 끊임없이 외친다. 공격성과 위선을 걷어내고 양심을 되찾아 파국을 막아야 한다고. 개는 오줌이라는 또다른 눈물을 흘리며 세상을 조롱하고, 바위는 곧 자식을 잃어버린 어머니의 눈물이다. 세 인물을 통해 파브르는 희망과 현실, 상처로 가득한 우리의 삶을 함축한다.

파브르는 앙토냉 아르토의 영향을 받아 동적인 움직임과 오브제로 잔혹성을 추구해왔다. 이 작품 역시 예외는 아니어서, 끔찍한 울부짖음은 곧 탄생을 암시하고, 유리병 위에는 벌거벗은 육체가 놓여 있으며, 긴소매를 휘날리는 미치광이의 춤이 제의를 대신한다. 영혼에서 해방된 육체를 표현하기 위해 알몸이 되고, 그 알몸이 쏟아내는 눈물을 소중히 받아든다.

원래 '움직임'으로 승부를 걸었던 파브르의 극은 최소화된 언어로 무대 위의 추상성을 강조하는 스타일이나, 이 작품에서 그는 마치 어린아이에게 설명이라도 하는 듯 끊임없이 말을 토해낸다. 문제는 지나친 반복에 있다. 쉼 없이 쏟아내는 말들은 파브르 고유의 이미지에 대한 집중을 방해할 정도로 넘쳐난다. 무엇보다 흰 천 위에 '영혼을 구하소서Save Our Souls'라고 써 보인 마지막 장면은 이번 공연의 직설화법을 적나라하게 보여주었다. 혼재된 형식의 예술을 통합하고 해체해 새로운 장르를 창출해내며 천재로 추앙받던 파브르는 오늘에 와 고작 '낱말 맞추기'를 하고 있다. 자기 꾀에 넘어간 형국이라고나 할까. 가슴 깊은 곳의 감정을 찌르고 헤쳐 놓던 그의 재능이 말과 함께 허공으로 사라지는 순간이었다.

12 윌리엄 포사이스 Forsythe, William

1955~

거장을 이해하는
방법

: 헤테로토피아
Heterotopia

2006년 10월 25일
취리히 국립극장 초연

2007년 4월 10일
성남아트센터 오페라극장 관람

포사이스의 〈헤테로토피아〉는 푸코의 논문 「다른 공간들」에서 출발했다. 하나로 어우러질 수 없는 공간들을 의미하는 '헤테로토피아'는 '낯섦' '다름'의 장이다. 포사이스는 거기에 '번역'에서 발생하는 편견을 덧입혔다. 핵폭발, 공해, 에이즈, 스트레스, 폭력 등을 그려온 다른 대표작들에서처럼 이 작품에서 그는 현대사회의 자화상을 그려 보이고 있다.

공간을 두 개로 나눈 무대 위에는 이미 여러 명이 움직이고 있다. 알아들을 수 없는 언어로 끊임없이 말을 하는 이, 알파벳 모형을 이리저리 옮기는 이도 있다. 낯선 공간 그리고 낯선 시선들. 이 공간 안에서 관객들은, 한 공간 속을 배회하는 관찰자가 된다. 여러 개의 책상들이 쌓여 있는 틈으로 들락날락하는 무용수들의 움직임은 마치 동물과도 같다. 관찰자와 눈을 맞추기도 하고, 간간이 소음을 내며, 그들은 육체를 자유롭게 움직인다. 속삭임과 괴성이 번갈아가며 내뱉어지는 가운데 한쪽에 놓인 피아노 앞의 남자는 염소 소리를 낸다.

한마디로 기이하고, 낯설다. 하지만 그것은 아무런 충격도 던져주지 못한다. 1990년대 발레의 혁신가로 불리며 피나 바우슈에 대적하던 포사이스 아닌가. 그 낯섦의 강도가 너무 약했다. 포스트모더니즘과 함께 등장했던 퍼포먼스를 제외한다면, 프로시니엄 무대^{Proscenium Stage}의 공간 배분을 거부한 최초의 컨템퍼러리 댄스 작품으로는 1996년 보리스 샤르마츠의 〈주의 AATT…ENEN…TIONON〉를 꼽을 수 있다. 그때 이미 그는 무대 중앙의 구조물을 중심으로 관객들이 자유롭게 이동하며 춤의 긴장감을 느낄 수 있도록 했고, 이 작품은 당시 프랑스 주요 페스티벌을 섭렵하며 그 '파격'을 인정받은 바 있다.

애크러배틱하고 다이내믹했던 포사이스식의 움직임은 더이상 없었다. 포사이스의 천재성을 담아냈던 '표현의 원리' '반복의 원리', '혼미^{昏迷}의 법칙' 역시 다시 볼 수 없었으며, 그 빈자리는 우연성에 기초한 컨템퍼러리 댄스가 대신하고 있었다. 라바노테이션 무보법으로 기록이 불가능할 정도로 기이했던 동작들은 사라지고, 여느 안무가의 그것과 별반 다르지 않은 움직임들이 이어졌다. 실망스러웠다. 전통을 유지하면서도 이를 개조하는 데 주력했던 포사이스 전성기의 노력은 온데간데없었다. 한 공간의 설정이 너무 흥미진진한 나머지, 보이지 않는 다른 공간에 대한 궁금증과 함께 생겨나는 긴장감이 아니라, 지루한 무대 때문에 다른 공간을 보기

위해 움직이게 만들었다. 거장의 천재성을 찾을 수 없는 데서 오는 실망
감은 그 공간 안에서 포사이스를 직접 발견하기 전까지 계속되었다.

1990년대 파리 샤틀레 극장 객석에서 헤드셋을 끼고 실시간으로 큐
사인을 보내던 그는 여전히 이 공간의 지배자로 있었다. 두 공간을 숨가
쁘게 오가며 그는 끊임없이 지시를 내리고 있었다. 헤드셋 너머로 작곡자
톰 윌렘스의 목소리가 들리고, 두 사람은 한시도 놓치지 않고 서로에게
메시지를 보내고 있었다. 삼십 년 팀워크가 돋보이는 순간이었다. 사운드
와 동작에서 발견한 '헤테로토피아'의 우연성은 반복이 불가능한 해프닝
이 아니라, 이미 거장의 머릿속에 치밀하게 계산된 연출이었던 것이다.

반전은 계속되었다. 공간의 지배자 포사이스가 서 있는 낯선 풍경은
흥미로웠다. 가장 긴장한 사람은 포사이스 자신이었고, 그의 등장과 함께
극이 조금씩 이해되기 시작하자 관찰자/관객들마저 분주해졌다. 관객들
은, 어떤 움직임이, 어떤 소리가, 어떤 관계가 만들어지는지를 관찰하는
것이 아니라, 낯선 공간의 '낯섦'을 탐지하는 모험가가 되었다.

⟨슬링어랜드Slingerland⟩(1989) ⟨사지의 정률四肢의 定律, Limb's Theorem⟩ (1990)
등, 그 초연에서 이미 구조주의 철학의 결실을 목격했던 만큼 현재의 포
사이스의 예술세계는 무척 소박하게 느껴졌다. 그러나 과거에 비해 규모
도 작고 기술의 강도도 낮추었지만, 예술이 표현해야 하는 낯선 경험에
대한 접근을, 그는 그 어느 때보다 확실하게 보여주고 있었다. 포사이스
의 구조주의 예술은 그렇게 진화한 것이다.

전성기의 작품을 기억하는 한, 그때와는 달라진 거장을 만나 실망하는 것은 어쩌면 당연한 일일지도 모르겠다. 하지만 새로운 작품 위에 지난 역사를 오버랩시킬 때 비로소 지금의 그의 뜻을 이해하게 되는 것은 아닐까. 그의 이름과 삶, 그리고 예술세계를 통틀어 함께 관찰할 때 비로소 우리는 관찰자의 몫을 다할 수 있을 것이다.

13 장 - 클로드 갈로타 *Gallotta Jean-Claude*

1950~

현대무용의 고전 〈율리시즈〉,
새롭게 태어나다

: **율리시즈 바리아시옹**
*Les Variations
d'Ulysse*

1995년 10월 23일
파리 바스티유 오페라극장 초연
1995년 11월 6일
파리 바스티유 오페라극장 관람

파리 바스티유 오페라극장 개관 이후, 발레 전용극장으로 사용되던 삼백 년 전통의 가르니에 오페라극장이 개축 공사로 인해 1996년 2월까지 잠시 문을 닫는다. 때문에 올해의 발레 프로그램은 〈로미오와 줄리엣〉〈라 바야데르〉 등 고전을 중심으로 꾸며지는 바람에 관객들의 관심에서 멀어진데다, 바스티유 오페라극장에서도 오페라 공연이 비는 기간에 일정이 잡혀 뒷전에 놓인 인상이다.

그런 와중에 올 시즌 유일한 신작인 장-클로드 갈로타의 〈율리시즈 바리아시옹Les Variations d'Ulysse〉이 10월 23일 그 첫 막을 열어 많은 관객들의 관심을 모았다. 도미니크 바구에, 마기 마랭, 다니엘 라리오, 오딜 뒤복, 앙즐랭 프렐조카주 등 현대무용 안무가들을 대거 지속적으로 초대, 고전발레에 익숙해 있는 발레단원과 관객들에게 신선한 경험을 주고 있었던 극장 측은, 2월부터 파트릭 뒤퐁의 뒤를 이어 예술감독을 맡고 있는 브리지트 르페브르와 함께 이러한 기획을 더욱 활성화할 계획이라 한다.

1981년 갈로타는 자신의 무용단 '에밀 뒤브와 그룹Groupe Emile Dubois'과 함께 〈율리시즈Ulysse〉를 선보인 바 있다. 발레와 현대무용의 테크닉이 혼합된 추상적인 공간 설계가 독특한 이 작품으로 갈로타는 미국 유학 당시 스승이었던 머스 커닝엄에 대한 경의를 표했었다. 대칭과 원근법, 치밀하게 계산된 무용수들의 등장과 퇴장, 일인무와 조화를 이루는 군무 등, 커닝엄의 안무방식이 잘 드러난 이 작품은, 이후 1984년 로스앤젤레스 올림픽과 아비뇽 페스티벌을 위해 안무를 새롭게 정비했고, 1993년 샤토발롱Châteauvallon 축제 때는 무대와 의상, 조명 등 모든 것들을 흰색으로 채색해서 다시 올렸다.

초연 이후 십사 년이 지난 오늘 이 작품은 '현대무용의 고전'이라고 불릴 만큼 유명해졌고, 파리 국립 오페라발레단원 사십오 명이 등장하는 대작 〈율리시즈 바리아시옹〉으로 재탄생했다. '바리아시옹'은 음악의 변주곡과 같다. 사중주가 교향악으로 확장되듯, 〈율리시즈〉의 구성을 세분화하고 군무를 더욱 강조했다. 이에 따라 파트릭 뒤퐁, 마리 클로드 피에트라갈라, 카롤 아르보가 출연하는 삼인무는 갈등과 사랑의 감정연기가 더욱 강조되었다.

음악 역시 새로 작곡했는데, 〈율리시즈〉 곡을 사용하지 않고, 장-피에르 드루에Jean-Pierre Drouet가 갈로타의 상세한 요구에 따라, 이미 안무한 동작에 맞추어 음악을 다시 작곡하는 드문 작업을 시도했다.

갈로타의 작품들은 대개 신화나 전기 혹은 상상 속 인물들의 인생을 그 주제로 한다. 어쩌면 그의 작품은 이들에게 바치는 헌사가 아닐까. 〈율리시즈〉에도 역시 그리스신화 속의 인물인 제우스, 칼립소 등이 등장한다. 갈로타는 스스로가 신화 속의 주인공이 되어 그 안에서 여러 인물을 만나고 그들과 춤으로 대화한다. 그에게 춤추는 것은 곧 '주는 것'이다. 신에게도 또 인간에게도, 그 누구의 내면에나 깃들어 있는 사랑의 힘을 찾아 하나의 움직임으로 보여주는 것, 그것이 곧 그가 생각하는 안무이다.

〈율리시즈 바리아시옹〉은 총 24장으로 구성되어 있는데, 각 장마다 상황에 대한 설명이 이어지고, 인물들은 명확하게 구분되어 있다. 그러나 그는 각 인물들의 성격을 무용수들에게 정해주지는 않는다. 무용수들 각자가 자기만의 느낌대로 자유로이 표현하기를 바란다고 그는 말한다. 파트릭 뒤퐁은 율리시즈뿐 아니라 제우스와 포세이돈의 캐릭터도 춤으로 표현했으며, 카롤 아르보나 마리 클로드 피에트라갈라는 아테네와 칼립소, 클로리스 등의 캐릭터를 그려 보였다. 캐릭터가 분명하지 않은 인물들은 오히려 관객들에게 더 풍부한 상상의 공간을 열어주었다. 세 명의 주역 무용수들이 만들어낸 삼인무는 이런 의미에서 더욱 성공적이었다.

완벽한 테크닉을 기반으로 한 개개인의 성격 연기는 군무의 미흡함을 보완했다. 갈로타가 표현하려 했던 '사랑의 언어'는 무용수들의 얼굴과 몸을 통해, 추상적이기는 하지만 '감정의 대립과 갈등'을 표현하는 데 그 초점을 맞추었다. 단순하게 연결되는 동작들과 부드러운 전개는 무대 전체를 꾸미는 순결의 빛, 흰색과 어우러져 하나의 '의식'과도 같았다.

14 멸렵 장터 *Genty. Philippe*

1938~

심상의 마술사
필립 장티가 펼친
몽환의 세계

: 밀항자
*Stowaways/
Passagers
clandestins*

1996년
애들레이드 초연

1996년 10월 23일
파리 포르트 생 마르탱 극장 관람

필립 장티가 아내 매리 언더우드Mary Underwood와 공동연출로 발표한 신작 〈밀항자〉는 호주 정부의 도움을 받아 현지에서 완성한 작품이다.

필립 장티의 작품세계는 주로 어두운 회색으로 표현되는 것이 특징이었다. 회색은 집착과 거부의 빛깔이다. 그러나 이번 신작에서 그는 이례적으로 서정적이고 환상적인 동심의 세계를 원색으로 표현하고 있다. 대사는 전혀 없이 오직 움직임과 오브제만으로 장식된 이 '무용극'에 영화 〈프릭스Freaks〉에 등장하는 괴이한 모습의 인물들을 그대로 등장시킴으로써, 장티는 자신만의 초현실주의적인 상상력을 다시 한번 각인시켰다. 또한 출연자의 입장 및 퇴장이 작품의 외적인 부분이라 생각하는 그는 이 작품에서 역시 인물들을 예상치 못한 성격으로 변신시켜 마술처럼 등장시키고 사라지게 했다.

"사막이 불탈 때, 비행기가 검은 연기를 뿜으며 추락할 때, 전보기의 램프가 불똥을 튀기며 폭발할 때, 캥거루가 블루스를 노래할 때, 시체 하나가, 구름과 바다가 정지한다. 경찰, 난쟁이, 꼽추의 시선이 한곳에 집중된다. 관능적인 여인의 두 팔이 잘려 있다. 숨어 있던 기억을 찾아 함께 여행을 떠난다."

막이 오르면 스키를 신은 캥거루 옆에서 무용수 하나가 토슈즈를 신고 수업을 받고 있다. 전보를 보내는 남편 옆에는 부인이기도 애인이기도 한 높은 구두를 신은 여인이 분주하게 움직인다. 검은색 롱코트를 입은 여행객은 경계의 눈빛을 모자 속으로 감춘다. 당장이라도 어딘가로 도망가려는 듯한 인상이다. 머리만 남은 비행기 조종사는 작은 집에 끼어 어쩔 줄을 모른다. '프레그넌트 이미지' 즉, 관객 한 사람 한 사람의 기억 속 깊숙이 숨어 있는, 과거의 언젠가에 심어진 각각의 이미지가 강하게 작용한다. 무엇이 사람이고 무엇이 인형인지 구분이 안 되는 혼동의 연속. 논리적인 서사의 전개는 기대하기 힘들다. 성냥갑에서 토끼가 나오고, 귀에서는 10센티미터가 넘는 푸르고 붉은 천이 쏟아져나온다. 마술의 세계는 그렇게 끝없이 펼쳐지고, 관객들은 그 안에서 멀고먼 모험을 떠난다. 그리고, 사막과 대양을 지나 아름다운 저녁노을을 보며 휴식을 취한다. 네 명의 무용수와 마술사가 펼치는 신비로운 꿈의 세계는 한편으론 어지러운 악몽이지만, 또 한편으론 희망이 담긴 행복한 꿈이기도 하다. 웃음과 공포가 공존하고, 착각과 환각, 공상이 한데 어우러져 끝없이 몽환적인 세계가 펼쳐진다.

필립 장티는 〈밀항자〉의 주제에 대해 이렇게 말한다. "이 작품은 그간 의 작품들을 통괄한 나의 자서전이다. 미국에서 나는 한 인간의 자아에 숨겨져 있는 다수의 인격에 대해 정신분석학적으로 연구했다. 이 증상은 대개 성적 기만으로 인한 심한 정신적 충격에 의해 나타난다. 이 작품에 서 나는 이 증상을 소재로 한 다중 인격체를 만들고 싶었다."

장티는 원래 그래픽디자인을 공부했다. 학생 시절 그는 정신불안장애 를 겪었는데, 인형극을 통해 극복했다고 한다. 1961년 그는 한 친구와 세 계 무전여행길에 나섰고, 이 여행은 사 년이나 계속되었는데, 당시 여비 를 벌기 위해 거리에서 인형극을 시작한 것이 결국 그의 첫 데뷔작이 되 었고, 결과적으로 그는 세계 순회공연을 한 셈이 되었다. 이것이 계기가 되어 인형극단을 설립한 그는, 1965년 유네스코의 후원으로 세계 곳곳의 인형극에 관한 영화를 만들었으며, 1975년에는 롤랑 프티와 지지 잔메르 의 공연에 출연하기도 했다. 그후 무용을 전공한 아내를 만난 것이 전환 점이 되어 그는 연극과 무용, 마임, 인형극의 종합체인 '필립 장티식'의 고 유 언어를 개발하기 시작했으며, 〈정육면체처럼 둥근 모양〉〈욕망 퍼레 이드〉〈표류〉〈나를 잊지 마〉〈움직임 없는 여행객〉과 같은 대표작들은 파리 테아트르 드 라 빌에 매번 초대되었다.

15 에미오 그레코

Greco, Emio

1965~

경계를 넘어서는 열쇠,
'몸'

: 비욘드
Beyond

2009년 4월 10일
성남아트센터 초연

2009년 4월 10일
성남아트센터 관람

지난 4월 안무가 에미오 그레코가 두 개의 작품을 들고 성남아트센터를 찾았다. 그중에서도 〈비욘드〉는 에미오 그레코와 연출가 피터르 스홀턴이 유럽 및 아시아 아티스트들과의 공동작업을 통해 만든 작품으로, 이날이 세계 초연이라는 데 관심이 집중되었다.

〈비욘드〉의 막이 열리고, 여덟 명의 무용수를 소개하는 것으로 공연은 시작되었다. 프랑스, 일본, 스페인, 싱가포르, 한국, 중국, 인도 등 세계 각국에서 모인 무용수들은 각자 모국의 전통무용에 뿌리를 둔 움직임을 선보이며 간결한 대화로 문화 경계의 물꼬를 자연스럽게 터나갔다. 바로크 무용의 손동작은 프랑스의 현란한 춤의 역사를 대변하듯 유연하고 고상한 자태를 드러냈고, 스페인의 열정은 플라멩코의 리듬 속

에 그대로 살아 있었다. 한국의 정서는 탈춤에서 볼 수 있는 힘찬 팔동작, 휘몰아 푸는 발동작과 함께 피어났다. 그 외에도 중국의 무예, 일본의 부도칸武道館 등을 접목, 각기 개성을 달리하는 세계의 전통 춤사위는 한 무대 위에서 서로 경계를 허물고 조화를 이루기 위해 먼저 기꺼이 대결구도를 감수했다.

배틀이라도 하듯 무용수 각자의 개인기를 릴레이로 선보인 클라이맥스가 끝나자, 신들린 듯 기량을 뽐내던 실루엣들이 여러 개의 막으로 구성된 배경 위로 오버랩되었다. 건축가 조민석의 무대디자인은 미니멀리즘 속에 웅장함과 소박함을 동시에 담아내면서 발광하는 '몸'을 자연스레 빨아들였다. 그 안에서 프랑스 출신 빅토르 칼랑과 한국의 김지원이 특히 눈에 띄었다. 큰 키와 긴 팔다리로 여성스러운 부드러움까지 표현해낸 칼랑은 열아홉이라는 나이가 믿기지 않을 정도의 순발력이 무엇보다 돋보였으며, 긴 문장을 쉬지 않고 단숨에 말하듯 동작 간의 틈을 보여주지 않는 여유로움 또한 놀라웠다. 한국무용을 전공했지만 다양한 현대무용을 경험한 경력이 대변하듯 김지원의 춤에는 남다른 근력이 숨어 있었다. 한국의 전통 춤사위를 출 때의 수평적 호흡에서 서양 춤의 수직적 호흡으로 단숨에 전환하는 몸짓은 그녀 특유의 고유한 공간감각까지 고스란히 드러내 보여주었다.

대체로 세계의 전통춤을 소재로 한 작품은 각기 다른 춤사위를 나열하거나 다양한 문화를 소개하는 평범한 파노라마에 그치기 십상이다. 특히

공동 프로젝트의 경우 국가 간의 균형을 맞추려 비중의 안배를 신경쓰다 보니, 서로의 특징과 장점을 자랑하고 나열할 뿐, 각 춤사위들의 화합이라든가 새로운 조합과 같은 결론을 이끌어내기는 정작 어렵게 된다. 더욱이 춤추는 이와 보는 이 모두 '한데 어우러져야 한다'는 강박에 묶여 각기 다른 전통의 정체성에 대한 기준조차 잃어버리기 십상이다. 한데 섞여 있기는 하지만 독립적으로 존재할 때보다 못하거나, 결국 새로운 언어를 찾아내지 못하고 그저 섞여 있기만 한 것들이 '퓨전'이라는 이름 아래 컨템퍼러리 예술의 한 갈래가 되곤 하는 경우는 어렵지 않게 찾아볼 수 있다.

공동연출과 안무를 맡은 에미오 그레코와 피터르 스홀턴은 이러한 문제의 해답을 오직 '몸' 안에서 풀어나갔다. 섣부른 창조보다 고유한 움직임의 조합으로 결론을 대신했다. 암스테르담에 이어 서울에서 진행한 칠 주간의 그리 길지 않은 작업기간 동안 여덟 명의 무용수들은 끊임없이 자신의 언어를 '몸' 안에서 찾기 위해 노력했고, 어떤 목표를 설정하고 거기에 가 닿기보다 오직 '몸'으로 표현하는 그 자체에 혼신을 다했다. '몸'을 최대의 매개체로 한 작업은 최근 그레코와 스홀턴의 합작에서 이미 강조하고 있는 개념이기도 하지만, 고유한 전통과 혁신의 조화라는 주제 앞에서 더이상의 현답을 찾기는 힘들었을 것이다.

피나 바우슈_카페 뮐러
©LG아트센터

피나 바우슈_러프 컷
©LG아트센터/ JD Woo

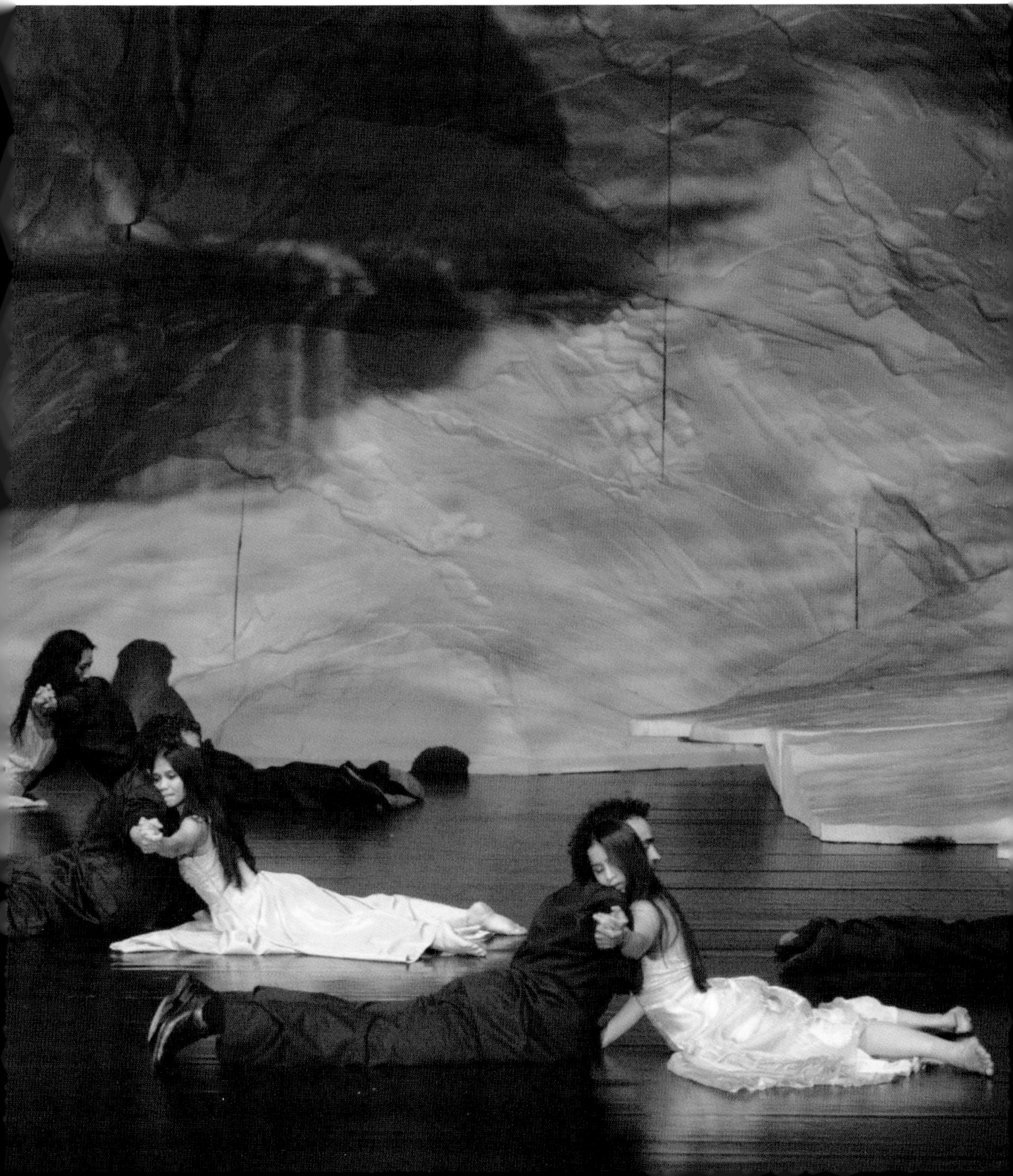

피나 바우슈_봄의 제전
ⓒLG아트센터

매튜 본_호두까기 인형!

©LG아트센터

안 테레사 드 케이르스마커_타코마 협교
ⓒLG아트센터

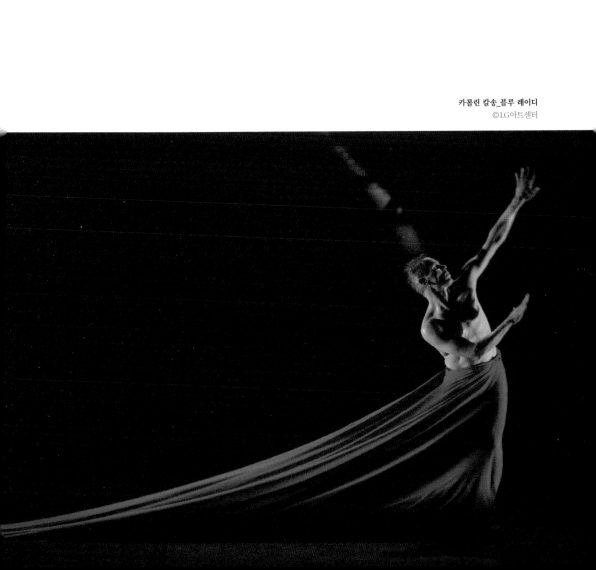

카롤린 칼송_블루 레이디
©LG아트센터

마츠 에크_백조의 호수
©LG아트센터

윌리엄 포사이스_헤테로토피아
© 성남문화재단

2

3

윌리엄 포사이스_헤테로토피아
© 성남문화재단

16 이르지 킬리안 *Kylián Jiří*

1947~

춤추는 시인,
발레 심리극의 귀재

20세기가 시작되던 무렵 불운의 천재 무용가 니진스키가 인간의 육체적인 욕망을 노골적으로 드러내 보이는 반신반수半神半獸 판Pan의 모습을 그린 〈목신牧神의 오후〉를 선보인 이래 발레에서 역시 기교나 기술표현보다 인간의 내면을 보다 깊이 있게 다루는 작품들이 대거 등장했다.

　현대발레사에서 성적 좌절과 절망을 다룬 심리극의 대가로는 〈라일락 정원〉〈불기둥〉 등을 안무한 앤터니 튜더를 꼽을 수 있다. 그렇다면 새로운 세기를 이끌어갈 신고전주의 무용가 중에서 인간의 감성을 가장 철저하게 분석하고, 또 그러한 주제를 신체의 움직임으로 정확하게 연결하는 데 천재적인 재능을 발휘하는 안무가로 누구를 들 수 있을까? 그 답은 오늘날 네덜란드 댄스시어터를 세계적인 발레단으로 성장시킨 탁월한 안무가이자 행정가 이르지 킬리안이 아닐까 싶다. 그는 작은 소품들에서 대작에 이르기까지, 백여 편에 달하는 수작을 발표했는데, 그중에는 음악적인 리듬감에 중점을 두거나 재미있는 줄거리에 기반을 둔 특이한 작품들도 있지만 대부분은 시대를 초월한 인간의 정신세계와 심리를 폭넓게 다루고 있다.

무용은 무엇보다 감정표현의 수단이다

킬리안은 1947년 체코 프라하에서 태어났다. 아버지는 은행원, 어머니는 무용수였다. 아홉 살이 되면서 무용에 관심을 보이기 시작한 그는 열다섯 살에 체코슬로바키아 중앙 콘서바토리에 입학했다. 당시 발레교사로 있던 조라 셈브로바는 영특하게 몸을 움직이는 어린 킬리안을 주목했다고 한다. 청소년 시절에는 마사 그레이엄의 현대무용 테크닉과 민속무용에도 남다른 관심을 보였을 뿐 아니라 음악에 대한 열의로 피아노 연습도 게을리하지 않았다고 한다. 스무 살이 되던 1967년, 장학금을 받아 영국 왕립 발레학교에서 수학하게 된 그에게, 당시 슈투트가르트 발레단 예술감독이었던 존 크랑코가 입단을 제안한다. 그러나 차마 조국을 떠날 결심을 하지 못해 거절하고 있다가 1968년 두브체크가 주도했던 민주화 개혁의 시기인 '프라하의 봄'이 결국 구소련에 의해 그 막을 내리게 되자 독일로 망명을 시도한다. 그후 그는 슈투트가르트 발레단 주역 무용수로 활동하며 안무의 영역에도 관심을 돌리게 된다.

안무가로서의 그의 자질은 유럽 무대에서 빠르게 인정받기 시작해,

1973년 헤이그에 위치한 네덜란드 댄스시어터의 안무가로 초대된 이후 오 년 만에 서른이라는 젊은 나이로 단장직에 올랐다. 이 발레단이 빠르게 발전하기 위해서는 무용수들에게 다양한 기술과 폭넓은 예술세계를 접하게 하는 것뿐이라고 판단한 그는, 상임안무가로 한스 반 마넌을 초대했으며, 윌리엄 포사이스, 마츠 에크, 모리스 베자르, 크리스토퍼 브루스, 오하드 나하린 등 세계 유명 안무가들의 신작을 발레단의 레퍼토리에 포함시켰다. 그 결과 나초 두아토를 비롯해 폴 라이트푸트, 리오넬 오쉬, 파트릭 델크르와 등과 같은 신인 안무가들을 다수 발굴했으며, 더불어 네덜란드 댄스시어터는 세계 각국의 실력 있는 무용수들이 모인 세계 최고의 발레단으로 성장했다.

킬리안 안무의 특징이라고 하면, 존 뉴마이어가 추구했던 꿈과 현실을 넘나드는 환상의 세계를 빼놓을 수 없는데, 그 대표작으로 콜레트의 원작에 모리스 라벨이 곡을 붙인 〈어린이와 마법〉을 들 수 있다. 디즈니의 만화영화 한 편을 보는 듯한 착각을 하게 할 정도로 화려한 이 작품은 이미 조지 발란신이 세 차례 안무를 시도했으나 제대로 된 성공작을 만들지 못했는데, 킬리안은 어머니께 바치는 작품이라서인지 작품에 쏟은 정성이 고스란히 드러나는 수작을 탄생시켰다. 생명을 얻어 무한한 상상의 세계로 나아가는 식기들과 가구들도 멋지지만, 동물들과 불의 춤은 단순히 '기발하다' '재미있다'는 정도를 넘어 충격적이기까지 하다.

"나는 특정한 스타일을 만들려고 하지 않는다. 인간의 신체 자체가 무궁무진한 언어를 담고 있기 때문에 일상적인 태도, 행동에서 아이디어를 얻는다. 가장 인간적인 동작만이 감동을 줄 수 있다."

킬리안의 동작들이 어색하거나 거북하지 않고 자연스러운 감동으로 전달될 수 있는 것은 이렇게 '인간적'이기를 고집하는 덕분일 것이다.

<소리 없는 외침들>은 킬리안의 첫 솔로작이다. 아내 사빈 쿠퍼버그를 위해 구상한 이 작품은, 인간의 한계를 인식하고 내면의 갈등을 소극적이지만 강한 언어로 나열한다. 막이 오르며 클로드 드뷔시의 <목신의 오후>가 들려오면 관객들은 어쩔 수 없이 니진스키의 안무를 떠올리게 되지만, 킬리안은 단순화된 인간의 감정을, 니진스키와는 전혀 다르게 전달하고 있다.

"인간은 대부분의 시간을 자신의 존재를 찾고 받아들이기 위해 투쟁하는 데 투자한다. 클로드 드뷔시는 십이 분짜리 이 짧은 음악을 이 년에 걸친 오랜 고민 끝에 완성했다. 그만큼 많은 의미를 함축하고 있는 이 곡을 어떻게 움직임으로 연결시킬 수 있을지, 아내와 함께 연구하며 해결했다. 니진스키 안무의 <목신의 오후>에서 부족하다고 느껴졌던 인간의 성격에 관한 부분을 다루어야 했다. 아내가 가지고 있는 아름다움, 장점, 단점 그리고 그녀의 고민을 솔직하게 털어놓는 데 중점을 두었다."

인간이라면 누구나 접하게 되는 절멸 상태의 에너지를 어떻게 하면 스스로 재충전시킬 수 있는가 고민했기 때문에, 킬리안의 이 작품은 보는 이로 하여금 깊게 공감할 수 있게 만든다.

킬리안의 안무는 모국인 체코의 민속무용뿐 아니라 동양문화에서도 많은 영향을 받았다. 세계 발레계의 거장들 조지 발란신, 모리스 베자르, 존 뉴마이어가 그랬듯 일본의 문화에 한동안 심취해 있던 그는 많은 작품에서 일본음악을 사용하며 일본의 정신세계를 표현하기도 했다. 특히 그가 일본음악에 맞추어 안무한 〈카구야 공주夜姫〉는 '달의 공주'라는 뜻으로, 킬리안의 안무 중 보기 드물게 일본어 발음 그대로 제목을 붙인 작품이다. 마키 이시의 곡을, 스무 명의 일본인 연주자들이 직접 무대 위에서 연주하며 시작되는 이 작품은, 7세기경부터 전해지는 일본의 가장 오래된 전설을 담고 있는데, 젊고 아름다운 달의 공주와 결혼하기 위해 벌어지는 청년들 간의 싸움을 그 내용으로 하고 있다. 킬리안 본인은 일본의 춤사위를 모방하거나 접목시키지 않았다고 주장하지만, 손목이나 발목을 꺾어 보이는, 동양무용의 한 특징이랄 수 있는 동작들은 극도로 '일본화'된 서양의 움직임을 보는 듯하다. 또한 달의 형상을 일본의 전통 북에 비유하여 상징적으로 등장시킨 점 역시 그가 일본 문화에서 적지 않은 영감을 받았고, 또 거기에 깊이 빠져 있음을 말해주고 있는 듯했다.

파리 국립 오페라발레단의 초청으로 만든 〈부드러운 거짓말들〉은 킬리안 심리극의 결정판으로 인정받은 작품이다. 이번 연출에서 가장 돋보이는 점은, 바로크음악의 거장으로 알려진 윌리엄 크리스티가 이끄는 레자르 플로리상의 성악가들이 직접 무대 위에 오른다는 점이다. 킬리안의 천재적인 상상력에 다시금 감탄하게 되는 무대였다. 그는 과감하게도 반주 없이 아카펠라로만 이어지는 제수알도와 몬테베르디의 음악을 선택했는데, 무대에 마련된 여러 개의 구멍 위로 성악가들이 머리만 내밀고 그루지야어로 노래하는 장면은, 무대 앞쪽에 위치한 무용수를 오히려 노래 속으로 끌어들이는 강한 힘을 발휘했다. 킬리안은 그리스신화의 오르페우스와 에우리디케 이야기를 가져와, 요즘 젊은이들의 사랑에 대해 솔직하고 노골적으로 이야기했다.

'오르페우스에게 죄가 있었다면 아내를 너무나 사랑했다는 것뿐이다. 그렇다면 현대의 커플들이 짓는 죄는 과연 무엇일까?'

우리는 얼마간 서로의 부정을 눈감아주고 함께 살아가기 위해 타협을 한다. 진실을 감추고 진심을 속이며 사회에서 소외되지 않기 위해 이 시대의 암묵적인 협정에 동의하는 것이다. 킬리안은 그것이 성숙한 사랑에서 우러나오는 포용이 아니라 위선에 다름아님을 고발하고 있다. 철창처럼 생긴 엉성한 엘리베이터 안 한 여자의 상처받는 심리묘사는 처절하기까지 하다. 녹화된 영상으로 처리된 이 장면은, 과연 우리가 표현하지 못하고 숨기는 진실은 무엇인가, 무엇을 위해 그런 거짓의 가면을 쓰고 살아야 하는가, 라는 화두를 던져주었다.

킬리안이 국내 발레계에 끼친 영향은 대단하다. 해외 우수작을 초청하기 어렵던 시절, 비디오로 제작된 그의 작품들이 다른 어떤 안무가들의 그것보다 많이 소개되면서 '신고전주의 발레는 이런 것이다'라는 정의를 내려준 안무가가 바로 킬리안이다. 더욱이 내한공연을 통해 네덜란드 댄스시어터가 직접 보여준, 놀라운 감정연기와 완벽한 발레 테크닉이 창조해내는 그의 천재적인 안무는, 단순한 감탄을 넘어 우리 발레가 지향해야 할 세계가 어쩌면 바로 이러한 자유로움 속의 절제미가 아닌가, 확인시켜 주었다.

불혹을 넘겨야
비로소 춤을
이해할 수 있다

: 시간이 채워질 때
When time takes time

2002년 9월 23일
사이타마 아트 시어터 초연

2004년 5월 28일
예술의전당 토월극장 관람

: 생일
Birth-Day

2001년 8월 24일
베를린 헤벨 극장 초연

2004년 5월 28일
예술의전당 토월극장 관람

무용수의 정년은 몇 살일까? 한국무용의 경우 무용수의 연륜과 관록이 깊을수록 그 춤이 더욱더 그 빛을 발한다고 하지만 발레의 경우는 좀 다르다. 드물게도 환갑이 넘어서까지 무대에 섰던 마고트 폰테인을 제외하면 발레리나 만 40세, 발레리노 만 45세 정도가 일반적인 정년으로 알려져 있다. 타 장르의 무용에 비해 과다한 에너지를 필요로 하는 발레 무용수들은 오래전부터 조기 퇴직 바람을 타고 있었던 것이다.

그런데 이런 통념에 반기를 든 세계적인 발레단이 있다. 춤의 시인 이르지 킬리안이 창단한 NDT Ⅲ는 불혹을 넘긴 무용수들로만 구성된 발레단으로, 삶에서 우러나오는 성숙한 춤사위와 코믹하고 드라마틱한 연기로 관객을 매료시킨다.

진보의 이름, 이르지 킬리안

체코의 프라하가 고향인 킬리안은 무용수 출신의 어머니로부터 예술가적 재능을 물려받았다. 아홉 살에 무용을 시작한 이래 그는 민속무용, 현대무용 할 것 없이 모든 장르의 무용에서 그 능력을 드러냈으며, 어린 시절부터 이미 음악에서도 뛰어난 재능을 보여주었다.

영국 왕립 발레학교에서 수학하고 슈투트가르트 발레단에 입단한 그는 주역 무용수로서 뿐만 아니라 안무가로서도 그 천재적인 자질을 인정받았는데, 특히 1978년에 발표한 〈신포니에타Sinfonietta〉가 세계적인 명성을 얻으면서 네덜란드 댄스시어터의 예술감독으로 초대되었다.

킬리안은 진보적 사고의 소유자였다. 서른 살의 젊은 단장으로서 창의적인 안무 실력을 과시하는 한편, 그는 발레단에 새로운 체제를 확립하기 위해 애썼다. 폭넓은 예술세계와 다양한 테크닉을 도입하기 위해, 그는 모던발레 거장들의 작품을 꾸준히 발레단의 레퍼토리로 가져왔는데, 고전발레의 전통을 계승하면서도 신고전주의 발레를 비롯한 현대적 감각의 작품을 소개함으로써, 신인 안무가 발굴에도 크게 공헌, 나초 두아토를 비롯한 세계적인 안무가들을 배출해냈다.

한편 킬리안은 네덜란드 댄스시어터를 재정립했다. 1959년 창단된 원조 발레단을 NDT I라 부르고, 프로라고 하기엔 아직은 어린 열일곱에서 스물둘 사이의 유망주들을 모아 NDT II를 결성했는데, 킬리안이 부임 직후 내린 이러한 결정은 곧바로 결실을 보아 현재 세계투어는 주로 NDT II가 도맡을 정도로 성장했다.

가장 인간적인 동작이 감동이다

"무용수의 수명이 짧은 것은 사실입니다. 그 이유는 아름다운 춤을 보여주는 중요한 요건이 '젊음'이라고 인식하고 있기 때문이지요. 하지만 무용수가 결코 순간의 감정만을 추구해서는 안 된다는 사실을 생각한다면 결코 '젊음'만이 아름다운 춤을 출 수 있는 요건이라고 할 수는 없습니다. 무용은 무엇보다 '감정표현의 수단'으로 존재해야 하니까요."

급성장하는 NDT Ⅱ를 지켜보면서 발레의 미학에 대해 다시 한번 깊이 들여다보게 된 킬리안, 현실보다는 환상의 세계를, 삶의 깊이를 다루기보다는 화려한 테크닉을 추구하는 발레에도 성숙미를 자랑하는 베테랑급의 무용수들을 위한 작품이 절실하다는 사실을 깨닫게 되었고, 드디어 1991년 사빈 쿠퍼버그^{킬리안의 아내}, 니클라우스 에크^{안무가 마츠 에크의 형}, 알라다 체이스, 제라르 르메트르 등 정년을 넘긴 무용수 친구들과 함께 프로젝트 그룹을 결성했다. 이 단체가 바로 NDT Ⅲ이다. 1999년 킬리안이 NDT의 예술감독직을 사임하고 일선에서 물러난 이후 현재 NDT Ⅲ에는 쿠퍼버그와 르메트르를 도와 에곤 매드센, 울프 에서, 지오콘다 바부토, 데이비드 크뤼겔 등이 활발한 활동을 펼치고 있다.

킬리안 작품의 매력은 솔직한 감정표현과 이를 뒷받침하는 노련한 춤에 있다. 베토벤의 〈월광〉을 배경음악으로 한 〈시간이 채워질 때^{When time takes time}〉는 커튼을 이용한 아이디어가 돋보이는 킬리안 특유의 남녀 듀엣 작품이다. 오인무 코믹 심리극 〈생일^{Birth-Day}〉는 경쾌한 모차르트 음악과 빠른 속도로 상영되는 코믹한 영상 때문에 자칫 킬리안이 말하려 했던 '삶은 곧 시간의 순환'이라는 메시지를 놓칠 수도 있지만, 기존의 발레의 틀을 깬 자유롭고 기발한 표현을 감상하면서 '가장 인간적인 동작만이 감동을 줄 수 있다'는 킬리안의 철학에 공감한다면 더 큰 기쁨을 얻을 수 있다.

17 에두아르 록 Lork, Édouard

1954~

움직임의 한계에 도전하는
가속加速의 향연

: 아멜리아
Amelia

2002년 10월 20일
프라하 오페라극장 초연

2004년 6월 4일
LG아트센터 관람

인간이 몸짓으로 보여줄 수 있는 표현의 한계를 정확한 수치로 규정지을 수 있을까? 그 가능성에 따라 무용과 체육의 경계를 구분짓듯이 무용수의 움직임을 올림픽 경기에 등장하는 높이뛰기나 멀리뛰기처럼 정확한 수치로 정의 내리는 것은 불가능하다. 그럼에도 불구하고 인간의 한계를 초월한 듯한 무용수의 춤추는 모습을 보게 되면 우리는 자연스레 의문을 갖게 된다. 저 정도 높이면 몇 미터나 될까? 발끝에 체중을 싣고 한번에 몇 바퀴나 도는 것일까?

신체언어의 혁명이라 불릴 정도로 놀라운 스피드의 움직임을 보여준 에두아르 록 안무의 〈아멜리아〉는 뛰어난 기량의 무용수들이 무대를 장악하고 있었다. 여자 보컬리스트의 우울하면서도 자극적인 목소리와 라이브로 연주되는 데이비드 랭의 음악이 어두운 톤의 무대가 열리자, 그 위에는 관객들과 교감하고 메시지를 전달하기보다는 움직임 하나하나에 승부를 건, 자기 자신의 내면으로 끝없이 몰입하는 무용수들의 몸짓이 전투적일 만큼 흡인력 있게 펼쳐졌다. 무대 중앙으로 내려온 스크린 위에서 펼쳐지는 3D 애니메이션 영상은, 이 작품이 안무가가 오래된 추억 속의 인물을 끄집어내 만든 중성의 젠더임을 짐작게 했다. 현대무용에서는 보기 드물게 토슈즈를 신은 여자 무용수들과 이들을 서포트하는 남자 무용수들 간의 힘의 균형이 빚어내는 에너지가 도입부부터 관객들을 압도했는데, 발레에서 볼 수 있는 이인무의 테크닉을 현대적으로 잘 풀어내고 있었다. 에두아르 록의 초기 작품에서 곧잘 볼 수 있었던 빠른 수평회전과 대립되는 여자 무용수들의 포인트 테크닉^{발등을 펴서 발끝으로 서는 동작}은 원심력을 가진 듯 가속을 달아 관객의 눈을 어지럽게 만들었다.

컨템퍼러리 댄스의 최근 경향은 무엇보다 공간예술로서의 다양한 시도와 타 장르와의 밀접한 결합에서 찾을 수 있다. 이러한 추세는 전 세계적으로 무용사에 기록될 만한 주요 작품들에서 강하게 드러나고 있는데, 에두아르 록이 추구하는 세계는 그와는 좀 달랐다. 캐나다를 대표하는 무용단 랄랄라 휴먼 스텝스가 이십 년이 넘도록 오직 움직임 그 자체에 승부를 걸고 있듯이 이 단체를 통해 에두아르 록은 아름다운 선과 우아한 자태는 최대한 배제하고 날렵하면서도 정교한 움직임을 새롭게 만드는 데 주력하고 있다. 〈아멜리아〉 역시 줄거리를 이해해야 하는 무용극과는 달리, 연속된 이미지들 속에서 팔과 다리의 빠르고 반복적인 움직임이 주를 이루고 있었다. 기승전결의 전개방식에 익숙한 관객이라면 자칫 지나친 속도감에 오히려 지루해질 수도 있지만, 그것은 오히려 구십여 분 동안 숨막히게 펼쳐지는 가속의 회전축에서 느낄 수 있는 평온함 때문이 아닐까 싶다. 양복 입은 여자 무용수와 포인트슈즈를 신은 남자 무용수의 듀엣이 전개되면서 가속의 회전은 잠시 휴식을 취하고, 본래 〈아멜리아〉가 머물던 추억 속으로 관객들을 소환한다. 무대 위의 무용수가 보여줄 수 있는 움직임의 한계에 도전하는 쾌속선은 무사히 착륙을 마무리했다.

18 장 — 크리스토프 마이요 Maillot Jean – Christophe

1960~

코피에테르가 있어
마이요는 빛났다

: 신데렐라
Cendrillon

1999년 4월 3일
몬테카를로 오페라극장 초연
2005년 10월 28일, 29일
성남아트센터 관람

안무가의 천재성과 스타 시스템이 맞물릴 때 명작은 탄생한다. 20세기 초 디아길레프의 발레 뤼스 시절, 미하일 포킨과 안나 파블로바가 만나 전설적인 명작 〈빈사의 백조〉가 탄생했듯이 마츠 에크 곁에는 〈백조의 호수〉〈지젤〉의 현대적 캐릭터를 탄생시킨 그의 아내 아나 라구나가 있었으며, 모리스 베자르 곁에는 조르주 돈, 루돌프 누레예프 곁에는 실비 길렘이 있었다.

발레 뤼스의 전통을 계승한 몬테카를로 발레단의 〈신데렐라〉에서 다시 한번 안무가와 무용수의 결합이 얼마나 중요한지 확인할 수 있었다. 같은 악보를 두고도 수만 가지 다른 느낌으로 연주할 수 있듯이, 동일한 안무의 작품이라도 각기 다른 무용수들의 미세한 표현의 차이에 따라 관객들은 전혀 다른 감동을 받는다. 이번 내한공연에서 어머니-요정 역의 더블캐스팅 중 베르니스 코피에테르(29일 출연)는 에이프릴 볼(28일 출연)과는 대비되는 연기로 더욱 큰 찬사를 받았는데, 무용수의 개성과 연기를 강조한 현대판 〈신데렐라〉이기에 그 차이는 더욱 두드러졌다.

장-크리스토프 마이요는 신데렐라가 아닌 신데렐라의 친어머니를 주인공으로 내세웠다. 죽은 어머니와 요정을 동일 인물로 설정한 것은 맨발로 유리구두를 대신한 발상만큼 기발했지만, 극을 이끄는 주도적인 힘을 어머니 한 사람에게 지나치게 의존한다는 느낌도 들었다. 모든 사건은 요정의 의도하에 전개된다. 요정은 실의에 빠진 신데렐라를 자극하고, 왕자의 눈을 가려 사랑에 빠지게 하고, 결말에 이르러선 전혀 다른 곳에서 헤매고 있는 왕자를 신데렐라에게 인도한다. 마이요는 왕자의 방문 이전에 성형수술을 막 끝낸 의붓언니들, 새 아내를 얻었으나 죽은 전처를 잊지 못하고 그리워하는 아버지의 내면을 드러내는 등 구체적이고 현실적인 암시를 통해 현대극으로서의 면모를 잘 드러내 보였지만, 결국 신데렐라나 왕자의 의지보다는 동화적 마법에서 실마리를 찾아가는 한계가 아쉬웠다.

코피에테르, 무대 위에 있기만 해도 춤이 된다

마이요는 육감적이고 신비로운 여체를 부각시키면서 고전과의 차별을 시도했는데, 바로 이 부분에서 베르니스 코피에테르와 에이프릴 볼의 표현력이 얼마나 다른지가 여실히 드러났다. 무엇보다 환상과 마법을 이야기하는 데 볼의 우람한 체격은 어울리지 않았다. 또한 얼굴과 손의 접촉으로 많은 메시지를 전달하는 마이요 안무에서 볼은 손의 움직임이 몹시 부족했다. 그에 반해 무대를 스쳐지나가면서도 단숨에 섬세한 근육의 움직임까지 드러내는 코피에테르의 활약은 눈부셨다. 이미 1995년 내한 공연에서 뛰어난 실력을 과시한 바 있지만, 1997년 〈로미오와 줄리엣〉의 파리 초연 때 보여주었던 무대 위에서의 마력을 다시 확인할 수 있었다. 또한 연륜에서 배어나오는 감정연기는 누구도 흉내낼 수 없는 그녀의 최대 매력이었다. 특별한 움직임 없이 무대 위에 존재하는 것만으로도 춤이 된다고 하면 과찬일까. 호흡과 시선이 발레 테크닉에 완벽하게 녹아들어, 그녀만의 아름다움이 황금가루로 장식한 육체 밖으로 광채를 띠며 드러났다.

신데렐라의 아버지와 어머니가 추는 사랑의 이인무로 시작한 도입부가 홀로 남겨진 신데렐라의 슬픈 솔로로 이어지는가 하더니, 곧이어 원작에는 없는 메신저로 분한 두 명의 남자 무용수가 등장해 극에 활력을 불어넣는다. 긴 와이셔츠에 검정 넥타이를 맨 무용수들은 의붓어머니의 시종이 되어 우스꽝스러운 표정을 지으며 교만과 질투를 표현하기도 하고, 궁정 파티 장면에서는 신데렐라의 설레는 마음을 대변하기도 한다. 프레드릭 애슈턴의 작품에서 의붓언니 역을 맡아 폭소를 자아냈던 이 두 명의 남자 무용수는 이 작품에서도 약방의 감초 같은 역할을 톡톡히 해냈다. 신데렐라는 금가루가 담긴 바구니에 발을 담그고 마법의 세계로 들어간다. 유일하게 맨발로 춤을 추는 신데렐라는 토슈즈가 정의한 발레의 미학을 역설적으로 보여준다. 맨발이기에 더욱 아름답고 빛나는.

현실세계에서는 검은색, 환상 속에서는 흰색 옷을 입고 나오는 아버지와 참사랑을 찾아 헤매는 왕자 등 작품 속 남성 캐릭터들은 하나같이 마법의 힘에서 소외된 인간의 고민을 표현했다. 한국인 무용수 한상이를 포함한 군무진은 궁정의 왈츠 장면이나 자정을 알리는 시계 종소리 장면 등에서 흥겹고 재치 넘치는 동작으로 조화를 이루었다. 이렇게 등장인물들 각각의 역할을 부각시킬 수 있었던 데는 제롬 카플랭의 무대가 큰 몫을 했다. 이동이 가능한 스크린 형태의 여러 막은 궁정의 풍경이 되기도 하고, 배가 되어 항해를 암시하기도 했다. 흰색으로 일관된 단순미를 강조한 무대는 원색의 의상을 더욱 부각시켰고, 금빛으로 빛나는 신데렐라의 발을 강조하기에 손색이 없었다.

마이요는 국립발레단이 올렸던 〈로미오와 줄리엣〉에 이어 이번에도 국내에서 큰 호응을 얻어냈다. 묘사하고 설명하는 그의 안무는 보다 직설적 연출로 팬들을 사로잡았다. 사랑을 나누는 장면에서는 어김없이 키스신이 나오고, 마법이 이루어지는 장면에서는 입으로 바람을 만들어 불기도 했다. 발동작은 고전발레의 전통을 지키지만, 상체의 움직임은 전혀 달랐다. 팔은 주로 꺾인 선을 강조하면서도 자연스럽게 늘어지는 한편, 정지와 흐름의 뛰어난 조절도 돋보였다. 감정표현이 극으로 치닫는 이인무는 정지 상태에서 숨을 몰아쉬고, 군무는 그와 상반된 빠른 동작으로 힘을 과시했다. 도발과 파격을 예술의 중심에 놓는 컨템퍼러리 댄스에 식상해진 요즘, 마이요의 〈신데렐라〉는 인간의 실체를 찾아가는 우리들의 내면 정서를 자극하기에 충분했다.

19 마기 마랭 Marie Magee

1951~

꿈꾸지 않아도
혁신을 낳는다

: 메이 비
May B

1981년 11월 4일
앙제 시립극장 초연

1991년 3월 8일
크레테이유 예술의 집 관람

: 코르텍스
Cortex

1991년 10월 4일
크레테이유 예술의 집 초연

1991년 10월 27일
크레테이유 예술의 집 관람

: 람담
Ramdam

Ram : 1995년 3월 27일
칸 무용 페스티벌 초연

Dam : 1995년 4월 1일
발드마른 무용 비엔날레 초연

1995년 4월 5일
발드마른 무용 비엔날레 관람

: 박수만으로 살 수 없어
*Les applaudissements
ne se mangent pas*

2002년 9월 6일
리옹 비엔날레 초연

2003년 10월 18일
호암아트홀 관람

'열정'과 '고집'이라고 쓰여 있는 독수리 눈매, 미소 없이 미간을 좁혀 응시하는 시선, 발레를 전공했다고 하기엔 다소 작은 키에 당당한 풍채, 저음의 느리지도 빠르지도 않은 말투까지, 1989년 마기 마랭을 직접 보고 느낀 첫인상은 겁날 만큼 날카로운 '카리스마'였다. 늘 새로운 사조의 선두에서 한결같은 찬사를 받아온 프랑스 컨템퍼러리 댄스의 거장. 오십 편 가까이, 새 작품을 내놓을 때마다 그녀의 카리스마는 광선처럼 번뜩였다.

마랭은 2011년 릴리유-라-파프^{Rillieux-la-Pape} 국립무용센터 예술감독직에서 사퇴했으나, 과연 환갑을 갓 넘긴 나이에 은퇴는 아직 일렀고, 2010년 제42회 파리 가을축제 때 '마기 마랭 특집'을 통해 오히려 대중과 더욱 가까워졌다. 파리 가을축제에서 한 안무가를 주제로 특집을 다루는 것은 드문 일이다. 마랭은 여덟 개 극장에 대표작을 올리고, 직접 무대에 서기도 했다.

2013년부터 고향 툴루즈에 새롭게 정착한 그녀는 안무 연구에만 집중하겠다고 한다. 외부활동은 줄이겠지만, 팔색조답게 더 깊은 내공으로, 한 차원 높은 그녀만의 스펙트럼을 보여줄 거라는 기대가 크다. 세월이 부드러움을 선사했던가. 마랭의 눈매는 한결 부드러워지고, 입가에선 미소가 떠나지 않는다. 그녀만의 카리스마는 이제 친근하기까지 하다.

독일에 피나 바우슈가 있다면, 프랑스에는 마기 마랭이 있다

20세기 중반, 독일 안무가 쿠르트 요스에서 시작한 표현주의는 '탄츠테아터'를 낳았다. '춤을 추는 연극'도, '대사가 있는 춤'도 아닌, 춤과 극이 만나 탄생한 뉴 아트다. 독일의 피나 바우슈는 제스처와 드라마가 있는 연작을 선보이며 탄츠테아터의 대표 인물이 되었다.

한편 프랑스에는 1968년 자유주의 운동에서 영향을 받은, 초기에는 '젊은 춤Jeune Danse'이라 불린 '누벨 당스'가 등장했다. 1970년대 프랑스의 몇몇 신세대 안무가들이 주축이 된 이 운동은 1980년대에는 유럽을 대표하는 경향이 되었다. 특히 미테랑 사회당 정부의 문화 정책이 성공을 거두면서, 바뇰레 안무 콩쿠르 등을 통해 '베이비붐'이라 불릴 만큼 많은 안무가들이 배출되었고, 이들의 경향은 곧 누벨 당스로 집결되었다. 누벨 당스를 한마디로 정의하기는 어렵지만, 춤에 연극적 요소를 깊게 삽입한 '테아트르 당세Théâtre Dansé'가 그 주된 양식이라 할 수 있는데, 이는 피나 바우슈의 그것과는 다른 안무형식으로, 연극뿐 아니라 영상을 결합한 접근이 주목을 받았다. 그리고 그 중심에 마기 마랭이 있었다.

〈메이 비〉(1981)는 마랭을 세계적으로 유명하게 만든 작품으로, 대단한 테크닉 없이 춤을 이야기하고, 대사 없이 극을 완성한 '테아트르 당세'의 대표작이다. 신체극이라고 하기엔 특정한 줄거리가 없고, 단지 사무엘 베케트의 『고도를 기다리며』에서 영감을 얻은 듯한 그로테스크한 이미지가 크게 부각되었다. 빛바랜 옷에 먼지를 뒤집어쓴 것 같은 한 무리의 인간들은 어깨를 늘어뜨린 채 마냥 걷기만 하지만 반복 동작이 만들어내는 리듬은 일정한 속도를 유지하면서 긴장감을 유발하고, 결국 극적인 효과를 유발한다. 〈소녀와 죽음〉(1979), 무용영화로도 만들어진 〈코펠리아〉(1993)는 춤을 통해 시놉시스를 잘 설명한 또다른 형식의 '테아트르 당세'라 할 수 있다.

발레와 현대무용의 경계를 자유자재로 넘나들다

무용 마니아가 아니고서는 무용의 세부 장르를 구분하기란 쉽지 않다. 몸의 언어로 펼쳐 보이는 예술세계에서, 특히 복합미학이 대세인 요즘, 세부 장르가 뭐 그리 중요하랴 생각할 수도 있겠지만, 현악기, 타악기, 관악기 등으로 악기를 구분하는 것만큼 무용에서 표현 기술의 차이는 크고 중요하다. 그만큼 다른 장르의 경계를 자유자재로 넘나들 수 있는 안무가도 극히 드물다. 이때의 '넘나듦'이란 발레와 현대무용을 혼합한 언어를 말하는 것이 아니다. 발레는 발레답게 현대적으로 연출하고, 반대로 현대무용은 최첨단의 아방가르드를 보여주는 것이 그것이다. 이 둘이 혼합된 언어를 사용하는 거장으로 모리스 베자르, 이르지 킬리안, 윌리엄 포사이스, 에두아르 록 등이 있다면, 극과 극을 넘나드는 안무가로 마기 마랭과 앙즐랭 프렐조카주를 꼽을 수 있을 것이다.

마기 마랭이 발레를 기본 언어로 삼는 것은 당연한 일이다. 많은 무용가가 그렇듯 그녀 역시 발레를 배우면서 무용에 입문했고, 스트라스부르 발레단에서 활동한 경력도 있다. 그러나 파격적이고 모험을 좋아하는 성격 때문일까. 모리스 베자르의 무드라 학교에 들어가 목소리 연기, 리듬, 즉흥연기 등 다른 분야의 예술을 접하면서 그녀의 예술세계는 더욱 넓어졌다. 기본이 완벽하게 갖추어져 있으니, 그것을 비로소 초월할 수 있었던 것이다. 베자르의 20세기 발레단에서도 잠시 활동한 바 있지만, 그녀는 곧 자신만의 새로운 예술을 찾아 고민했다.

1985년 리옹 국립 오페라발레단에서 발레와 현대무용을 접합, 그 첫 단추를 끼워줄 안무가로 당시 무명이었던 마기 마랭을 선택한 이유도 이런 경력과 능력을 인정했기 때문일 것이다. 얼굴에 가면을 쓰고, 전구를 단 튀튀를 입은 〈신데렐라〉는 새로운 무대와 의상만으로도 큰 찬사를 받았다. 마랭은 발레 동작을 현대적으로 변형하거나 고전을 재해석하지 않앗다. 단원들에게 우리가 기존에 알고 있는 발레와 크게 다르지 않은 춤을 추게 했음에도 그녀는 전혀 새로운, 가장 현대적인 작품을 탄생시켰다. 동화에 현대적 환상의 옷을 입힌 그녀의 작품은 곧 발레계의 새로운 트렌드가 되었고, 더불어 리옹 국립 오페라발레단은 세계적인 발레단으로 발돋움했다. 초연 이후 400회 이상 공연되며 꾸준한 사랑을 받고 있는 〈신데렐라〉 외에도, 파리 국립 오페라발레단을 위해 안무한 〈어둠의 교훈Leçon de Ténèbres〉(1987)과 발레리나에게 솜뭉치 옷을 입혀 부르주아를 비꼬았던 〈그로스란트Groosland〉(1989) 역시 발레도 얼마든지 시대작으로 거듭날 수 있음을 보여준 수작이다.

몸으로 음악을 만들 수 있다?!

1997년 세계연극제에서 〈메이 비〉를 보았던 관객들 몇몇은 2003년 시댄스 초청작 〈박수만으로 살 수 없어Les applaudissements ne se mangent pas〉'를 보고 의아해하기도 했는데, 전작에서 보여준 초현실적인 설정과 주제가 큰 매력이었기에 같은 맥락의 감동을 기대했으나, 후자는 자칫 밋밋하게 느껴지는 음악적 반복이 있을 뿐 극적 연출이 두드러지지 않았기 때문이다. 하지만 빛과 어둠의 차이만큼 두 작품은 다르다. 때문에 마랭이 팔색조이기도 한 것이다. 마랭의 작품세계를 말하면서 빼놓을 수 없는 것이 바로 음악에 대한 남다른 정의와 해석일 것이다.

〈람담Ramdam〉(1995)은 무용수들이 직접 소리를 내며 그 소리를 반주 삼아 끊임없이 반복적으로 걷는 것이 콘셉트다. 아카펠라와 움직임의 결합이다. 무용학도 시절 무드라 학교에서 배웠던 소리훈련법을 독자적으로 발전시킨 패턴이라고 해야 할까. 〈메이 비〉에서 시작해 〈코르텍스Cortex〉까지, 소리와 신체에 대해 본격적으로 접근, 탐구한 작품들은 최근에 이르기까지 지속적으로 이어지고 있다. 〈박수만으로 살 수 없어〉에서 넓게 자른 커튼을 배경으로 한 점이 눈에 띄었다면 〈사회 환경Umwelt〉(2004)에서는 무대 배경으로 엇갈려 설치한 유리가 인상적이었다. 직접 무용을 하거나 몸을 써본 사람이라면 반주 없이 직접 소리를 내면서 여러 사람이 실수 없이 움직이는 것이 얼마나 힘든 작업인지 알 것이다. 〈하! 하!Ha! Ha!〉(2006)에서는 무용수들이 악보에 쓰여 있는 대로 웃음소리를 연기하는 기이한 풍경이 화제가 되기도 했다.

이러한 시도는 '테아트르 당세' 이후 프랑스에 새롭게 등장한 '농-당스Non-danse'의 한 기류로 평가된다. '농-당스'는 1980년대 무용수로 누벨 당스를 경험했던 안무가들이 1990년대 들어 음악, 연극, 영상, 조형예술 또는 강연에 가깝게 작업하는 한 경향으로, 무용작품에 정작 춤이 없는, 그럼에도 불구하고 춤임에 분명한 최근의 사조다.

'누벨 당스' '테아트르 당세' '농-당스'…… 한 사람의 안무가를 설명하면서 이렇게 많은 전문용어들이 등장한 것은, 마기 마랭이 현대무용사에서 그만큼 다양한 시도를 선보이고 또 성공했기 때문일 것이다. 또한 그러한 시도들이 성공해서 다양한 경향들을 품어낼 수 있었던 것은, 대중의 기호에 따라가는 것이 아니라 스스로가 만족할 때까지 파고드는 그녀의 열정 덕분일 것이다. 이런저런 경향들을 모두 섞어 혁신을 이루겠다는 요즘의 안무가들에게 마랭은 좋은 교훈을 남긴다. 새로운 예술은 그냥 섞어서 만들 수 있는 것이 아니라, 각각의 예술을 끝까지 파고들어 제 것이 되었을 때 비로소 완성품이 될 수 있는 것이다.

20 버락 마셜 Marshall. Barak

1968~

즐겁지 않은
이야기를 흥겹게…
인간의 허영과
자만을 꼬집다

: 루스터
Rooster

2009년 11월 12일
텔아비브 오페라극장 초연

2011년 5월 25일
아르코예술극장 대극장 관람

하버드 대학 출신이 안무를 한다고? 1990년대 말 국제무대에서 급부상한 안무가 버락 마셜의 이야기를 들었을 때의 첫인상이었다. 그는 이스라엘의 유명 원로무용수이자 가수였던 마거릿 오베드의 아들이다. 대학에서 사회학과 철학을 전공할 때까지만 해도 예술 경력이 전무했던 그가 엄마처럼 춤을 추고 노래를 한다니, 그저 신기할 뿐이었다. 미국에서 성장해 이스라엘로 넘어간 이후 발표한 초기작들에 대해서 역시 신기하다는 정도가 대부분의 감상평이었고, 이스라엘 현대무용의 대명사였던 오하드 나하린의 아류 정도가 아닐까, 저평가되었던 게 사실이다.

하지만 국제현대무용제MODAFE 초청작 〈루스터Rooster〉는 이런 선입견을 불식시키기에 충분했다. 제목 '루스터'는 원래 '수탉'이라는 뜻으로, '수탉처럼 머리를 꼿꼿이 들고 잘난 체하는 사람'도 의미한다. 인간의 시기와 질투, 그 속의 허영과 자만을 꼬집겠다는 의도가 담긴 제목의 이 작품은 유대계 폴란드 작가 I.L. 페레츠의 단편소설 「말 없는 본체Bontsche the Silent」의 내용을 소재로 했다. 마셜은 자세하게 설명하거나 직접적으로 교훈을 드러내지 않으면서도 적절하게 주제에 생동감을 불어넣었다. 커다란 보라색 깃털을 단 열두 명의 무용수들이 닭이 되어 서로를 헐뜯고 쪼아대는 장면은 흔하게 볼 수 있는 설정이었지만, 낯설지 않은 그 모습 안에서도 신선함이 느껴졌는데, 무용수들의 살아 있는 연기와 과감한 몸동작이 그 비결이었다.

마셜의 극은 한마디로 잡동사니를 연상하게 한다. 베케트와 페레츠의 소설, 성경 등에서 가져온 여러 소재들이 마구 흩어져 있고, 집시음악과 유대민요, 중동과 발칸반도의 음악들이 한데 뒤섞여 있으며, 때로는 오페라 가수가 라이브로 노래하기도 한다. 한 남자의 꿈속에서 펼쳐지는, 사랑을 갈구하지만 결국 타인에 의해 희생되는 비극적인 이야기는 복잡하기 그지없다. 다의적이어서 이해하기 힘든 것이 아니라, 무질서한 구성 때문에 정신이 없다.

그럼에도 불구하고 그의 작품은 관객들의 시선을 붙들고 놓아주지 않는다. 잡동사니 속에서 피어나는 순박함, 흥분 속에 살아 있는 열정! 결코 즐겁지 않은 이야기를 그는 흥겹게 풀어낸다. 그는 관객과 소통하는 방법을 명확하게 알고 있는 듯하다. 그것이 바로 전 세계 극장들에서 그의 작품을 기다리고 있는 이유다.

명문대 출신이라는 자부심도, 지적이고자 하는 강박관념도 없는 마셜의 언어에는 땀냄새 나는 인간미가 넘쳐흐른다. 신나는 왈츠에 맞춘 군무가 그렇고, 오색등과 폭죽 속에 진행되는 익살스런 결혼식 장면이 그렇다. 알 낳은 닭을 묘사한 장면은 더없이 기발하다. 한 여인에 대한 사랑을 바바리코트 속에서 피어나는 연기로 묘사한 아이디어 또한 재미있다. 얼핏 도가 지나친 듯 과격한 동작 속에 드러나는 절제미는 덤이다. 후반부로 가면서 짧게 끊어지는 장면들의 나열이 긴장감을 흩트려놓긴 했으나 전체적인 흐름에 크게 방해가 되진 않았다. 검은 눈, 붉은 입술로 과장된 분장을 한 무용수들이 코믹하게 서로를 견제하면서 하나의 동족임을 묘사하는 결말은 풍자의 진수를 보여주었다.

활동 초기에 각광받던 많은 안무가들이 쉽게 매너리즘에 빠지고, '기발함이란 이런 거야'라는, 자기 꾀에 자기가 속는 모습을 우리는 자주 보아왔다. 자기 복제가 아닐까, 하는 비판이나 반성은커녕 인식조차 하지 못하고 관객들에게 일방적으로 설명하려 하지 않았던가. 신작을 발표할 때마다 과거에서 벗어나 완전히 새로운 작품을 만들 수는 없겠지만, 창작으로서의 예술작품의 가치는 결국 얼마나 독창적인가에 의해 판단된다. 그것은 타인의 것은 물론 자기 자신의 것과도 달라야 한다. 마셜의 예술 세계에 새롭게 빠져들면서 한편으로 그에게 이러한 바람을 가져보았다. 신선함이여, 영원하라!

21 호세 몬탈보 *Montalvo Jose*

1954~

움직임의
크로스오버,
원색의 축제

**: 르 자르뎅
이오 이오 이토 이토**
*Le Jardin
Jo Jo Jto Jto*

1999년
초연
2002년 5월 25일
경기도 문화예술회관 관람

'미래의 무용'으로 격찬받은 바 있는 몽탈보-에르비외 무용단이 〈르 자르뎅 이오 이오 이토 이토〉를 수원 경기도 문화예술회관 무대에 올렸다. 〈파라다이스〉 내한공연 이후 국내에도 잘 알려진 호세 몽탈보의 이 최근작은, 특히 무용단 창단 이래 계속 함께 활동해온 도미니크 에르비외가 연출을 주도했다. 제목에서 느껴지듯 야외 정원에서 벌어지는 장난기 넘치는 한마당 춤잔치를 통해 이 작품은, 동물과 인간이 하나로 합성된 희괴한 영상, 흥겨운 리듬의 움직임 등 기상천외한 환상의 세계에서 벌어진 원색의 축제를 보여주었다.

상상력의 귀재, 호세 몽탈보

라 퐁텐의 소설을 읽으며 작가와 직접 대화

하는 환상을 키웠다는 몽탈보. 스페인 태생답게 감성이 풍부하고 열정적인 그는 어린 시절 내내 무성영화에 빠져 지냈다고 한다. 건축가였던 그의 아버지는 이런 몽탈보를 재능 있는 예술가로 키우려 했고, 일반 예술사는 물론 조형예술까지 접할 수 있도록 조언하는 등 어린 소년의 엉뚱한 상상력을 창의적인 예술가적 기질로 발전시키는 데 큰 도움을 주었다. 다방면의 예술을 섭렵한 후, 무용에 관심을 갖게 된 몽탈보는 제롬 엔드루, 프랑수아 뒤퓌, 도미니크 뒤퓌 그리고 표현주의 안무가로 유명한 장 웨이트 등에게서 수학한 후 파리 현대무용단에서 무용수로 활동했다. 개성이 강한 스승들로부터 테크닉을 익힌 몽탈보가 무용수로보다 안무가로서 재능을 발휘하게 된 것은 카롤린 칼송, 루신다 차일드, 알윈 니콜라이, 머스 커닝엄 등을 통해 미국의 현대무용을 접하고부터였다.

이렇게 감성을 존중하는 유럽적인 성향과 포스트모더니즘에 따른 형식 탈피의 정신이 만나 영상 속의 율동과 무용수가 조화를 이루어 새로운 환상을 창조하는 독창적인 양식을 만들어냈고, 이 작품 〈르 자르뎅 이오 이오 이토 이토〉는 그런 양식의 결정판이라 할 수 있을 것이다.

1986년 스위스 니옹 콩쿠르 수상 이후 몽탈보는 희극과 비극을 과감하게 오가는 단편소설과도 같은 구성으로 파리와 이탈리아 등지에서 주목을 받아왔다. 수천 명의 출연진을 동원했던 〈보아야 하는 그리고 춤추어야 하는 무용들Danses à voir et à danser〉(1989)에서는 재치 넘치는 작품세계에 축제 분위기까지 더해 극찬을 받았다.

그러나 무엇보다도 1997년 에르비외와 몽탈보가 공동작업한 〈파라다

이스〉가 리옹 무용의 집에서 처음 선보인 후, 그는 프랑스 최고의 컨템퍼러리 댄스 안무가로 인정받았다. 한국 공연을 포함 전 세계 공연 무대에서 선보인 〈파라다이스〉는 힙합 등의 대중무용을 무대무용으로 전환해 유희적인 축제의 장을 열어 보이는 한편, 그림자놀이와 상상을 초월하는 영상과 춤의 결합 등을 통해 희망과 기쁨을 선사하는 작품으로 평가받았다.

영상과 움직임의 합성 그리고 움직임의 크로스오버

1999년 초연한 〈르 자르뎅 이오 이오 이토 이토〉는 몽탈보 – 에르비외 무용단의 대표작으로 꼽힌다. 1998년 마기 마랭 무용단의 뒤를 이어 발드마른, 크레테이유 국립무용센터의 상주무용단으로 자리잡은 직후 발표한 이 작품은, 초연 이후 계속해서 세계 곳곳의 무대에 올려졌고, 가는 곳마다 성황을 이루었다. 각국 비평가들의 극찬을 받았음은 물론이다. 대중적인 인기의 비결은 무엇보다 남녀노소 누구나 즐길 수 있는 흥미진진한 볼거리를 제공한 데서 찾을 수 있을 것이다. 상반신을 드러낸 여자와 타조의 하체가 합쳐진 이미지, 빨간 금붕어 꼬리를 단 여자 등, 규칙적으로 등장하는 반인반수(半人半獸)의 모습에서 느낄 수 있는 시각예술의 묘미는 누구라도 반할 만한데다. '영상과 움직임의 합성'을 꾀한 시도 역시 적절하게 조화를 이루어 새로운 영상 테크놀로지의 정수라 할 만하다.

이러한 대중적 인기를 넘어 이 작품의 예술적 가치를 높여준 것은 '움직임의 크로스오버'에 있다고 하겠다. 무용수들의 움직임을 자세히 들여다보면 테크닉의 근원은 추측할 수 있겠지만 그 정신세계는 한마디로 정의하기가 어려운데, 여기에는 바로크 무용, 아프리카 무용, 힙합, 브레이크댄스, 스페인 민속무용, 발레, 현대무용, 서커스, 중국 민속무용 등 갖가지 춤들이 묘한 조화를 이루며 한데 어우러져 있기 때문이다. 바로크 무용의 고유한 손동작 발동작을 보여주던 무용수의 몸짓은 돌연 아프리카 리듬에 따라 빠르게 하체를 움직이고, 숨이 막히도록 느리고 아슬아슬한 서커스 묘기를 보여주던 두 명의 여자 무용수는 갑자기 발레의 기본자세를 유지하며 무대를 활보하고, 브레이크댄스의 테크닉을 과감하게 시도하던 무용수들은 어느새 중국 민속무용의 리듬에 따라 몸을 움직인다. 갖가지 형태의 춤들이 다양한 장르의 음악과 조화를 이루며 관객을 축제의 분위기로 이끈다. 크리스마스트리 장식을 온몸에 감고 나타난 한 남성 무용수의 노랫소리에서는 연말 거리의 악사를 연상케 하는 신비로운 경험을 선사받기도 한다.

이러한 몽탈보와 에르비외 안무의 특성은 프랑스의 동료 안무가 필립 드쿠플레와 비교할 때 더욱 두드러진다. 드쿠플레가 서커스와 무용의 두 장르를 넘나드는 스펙터클을 완성했다고 한다면 몽탈보와 에르비외는 움직임 그 자체의 결합, 동작과 동작의 연결로 이어지는 좀더 세분화된 결합을 시도했다. 크로스오버는 어느 분야, 어떤 식으로든 시도할 수 있으나, 그만큼 완성하기가 더욱 어렵기도 하다. 몽탈보와 에르비외는 이러한 '움직임의 크로스오버'를 완성해냈고, 결국 〈르 자르뎅 이오 이오 이토 이

토)는 2001년 영국 로렌스 올리비에상 베스트 댄스쇼로 선정되는 영광을
누렸다.

혁신, 혁신은
어디로 갔나

: 춤춘다
On danse

2004년
초연

2006년 6월 2일
성남아트센터 오페라극장 관람

베르사유 궁전 정원에 동물들이 등장한다. 알을 낳는 닭, 서커스단에서 뛰쳐나온 듯한 코끼리, 누군가를 찾아 헤매는 침팬지…… 이 동물들과 인간이 만나 행복한 교감을 나눈다. 여신상은 아름다운 여인으로 변신하고, 귀여운 토끼 한 마리는 순식간에 수만 마리 토끼떼로 불어난다. 프랑스 안무가 호세 몽탈보와 도미니크 에르비외의 놀라운 상상력을 담은 〈춤춘다〉는 환상적인 영상과 인간이 만나 빚어내는 기이하고 재미있는 에피소드이다.

광대의 어설픈 연기에 감탄사가 절로 나오는 힙합 무용수의 화려한 장기가 가세하고, 토슈즈를 신은 발레리나는 관절의 꺾인 선을 강조하는 에르비외 특유의 움직임을 묘사하며, 여기에 다시 스페인 춤이 어우러진다. 대조적이면서도 조화를 이루는 온갖 장르의 무용수들이 바로크음악의 선율 위에 한자리에 모였다.

　자칫 잡동사니처럼 아이디어만 넘치는 동화적 연출이 될 수도 있겠지만, 복합장르로 치닫는 컨템퍼러리 예술의 중심 가지로 손색이 없을 정도로, 이들의 작품은 신선하고 상큼한 연출을 선보여왔다. 〈낙원〉(1997)은 몽탈보-에르비외 무용단의 첫번째 히트작으로, 무용계뿐 아니라 전 세계 예술계에 선풍을 일으켰으며, 누벨 당스 이후 침체기로 접어든 프랑스 현대무용의 기를 살려줄 무용단이라고 판단한 프랑스 문화계의 적극적 지원에 힘입어, 〈르 자르뎅 이오 이오 이토 이토〉(1999)로 이들은 다시 한번 세계무대를 휩쓸었다. 국내에서도 2002년 한-불 축구 A매치 기념 공연, 2006년 한-불 수교 120주년 기념 공연 등을 통해 이미 익숙한 이들의 활약은 동서양을 종횡무진하며 지칠 줄 모른다. 〈춤춘다〉(2005) 역시 작품이 완성되기 전에 이미 백여 곳의 도시에서 그들을 초청하려고 줄을 섰다고 하니 무용과 대중을 잇는 이 시대 최고의 전령사임에는 틀림없는 듯하다.

현대판 바로크 무용의 가능성 제시

　영상과 인간이 만나 기상천외한 조화를 이루는 시각예술은 보다 다양한 시도를 가능케 하고, 그만큼 기대가 크기도 하다. 이십이 년 동안 호흡을 맞추어온 몽탈보와 에르비외로서는 고민도 그만큼 컸을 것이다. 안무가와 무용수가 함께 '변형'에 대해 집중적으로 연구했다고 그들이 직접 밝

히기도 했지만, 복층으로 나뉜 스크린, 토 워크와 스페인 춤이 가미된 복합 인종의 춤, 영상으로만 보여주던 트램펄린 위에서의 텀블링 동작 실현 등은 그런 노력에 의해 첨가된 새로운 조미료일 것이다.

그러나 작품의 완성도 면에서 이들의 손을 들어줄 수만은 없을 것 같다. 〈춤춘다〉는 다소 지루하다는 느낌을 지울 수 없었다. 배우들의 어설픈 연기가 영상으로 채우지 못한 관객과의 교감을 억지로 시도하는 듯해 역효과를 냈다. 하지만 배경음악으로 사용된 장 필립 라모의 바로크음악은 기존의 작품에서 보여주었던 여러 장르가 혼합되어 있는 음악보다 오히려 일체감 있는 집중력을 낳았다. 그런 점에서, 프랑스 예술의 전통과 역사를 대변하는 바로크 예술이 역사 속에서 기이한 예술적 혼합으로 평가되었듯이, 〈춤춘다〉 역시 인간의 본능적 욕구인 춤추는 행위를 중심으로 하는 현대판 바로크 작품으로서는 충분한 가치를 보여주었다고 인정할 만하다.

어떤 하나의 독창적 기법을 탄생시킨 것만으로도 한 시대의 예술가로서 그 역할을 다했다고 볼 수도 있을 것이다. 그러나 관객은 언제나 보다 새로운 것, 진화된 모습을 기대한다. 단순한 변형을 넘어서 그 폭이 작더라도 지속적인 혁신을 기대해본다.

22 조제프 나주 *Nagy Josef*

1957~

강한 주제,
현실을 초월하는
환상

: 야수의 해부
L'Anatomie du
faure

1994년 12월 14일
파리 테아트르 드 라 빌 초연

1994년 12월 16일
파리 테아트르 드 라 빌 관람

오래되어 허물어져가는 기차역 앞에 끊어진 기차 레일만이 놓여 있다. 그 레일은 어느 곳과도 연결되어 있지 않으며, 그 옛날의 목적지를 알려줄 만한 기차 역시 당연히 없다.

조제프 나주의 신작 〈야수의 해부〉의 무대 장치이다.

어린아이의 장난감을 크게 만들어놓은 것 같은 무대 위로 드디어 일곱 명의 남자가 차례로 등장한다. 허리를 구부정하게 굽힌 채 어색한 자세를 한 이들은 한눈에도 정신적으로 몹시 구속받고 있는 듯 느껴진다. 머리는 어깨에 파묻혀 얼굴이 보이지 않을 정도이고, 정상적인 걸음이 불가능해 보일 정도로 움츠린 채 남자들은 무대 위를 지나다닌다. 파충류의 한 종류를 보는 듯도 하고, 원숭이를 떠올리게도 한다. 축 늘어진 비틀린 팔을 가진 꼭두각시 같기도, 이름을 알 수 없는 묘한 벌레들 같기도 하다. 레일과 연결된 수평적인 움직임들과 대조를 이루는 수직적인 움직임은 그야말로 동물적이다.

마치 고철이라도 두드리는 듯한 타악기 소리와 피아노 연주가 무대 한 구석 막 뒤쪽에서 들려오기 시작하면 분위기는 더욱 무거워진다. 들려오는 음악과는 무관하다는 듯 느리게 연출되는 동작은 그 안에 숨겨진 힘을 은연중 암시하며 시종일관 긴장을 풀지 않는 육체와 연결된다. 조그만 나무상자에 들어가 그 작은 공간에 얼마나 많은 메시지를 담을 수 있는가를 보여주던 이들은 이제 다시 새장 안에 갇힌다. 조명까지도 쇠창살을 묘사하는 폐쇄된 공간 안에 뒤엉켜 있는, 인간도 동물도 아닌 희한한 세 육체는 서로를 경계하고 멀리하지만, 그 눈빛은 하나같이 밖으로 나가기를, 탈출을 갈구하고 있다.

나주의 작품은 언제나 강한 주제를 전달하기 위해 전체적으로 어두운 분위기를 유지하지만, 중간중간 휴식을 취하듯 보여주는 짧은 이야기는 다소 긴장감을 덜어준다. 이번 작품에서 역시 구르는 의자에 매달린, 머리 없이 몸뚱이만 있는 인형과 탱고를 추는 장면은 그 기발한 아이디어가 돋보였다. 또한 다리 없이 판자만 있는 탁자를 이용해 균형을 잡고 평형을 유지하는 장면은 마치 묘기를 보고 있는 듯했다. 무용수들의 오랜 연습과 노력에 저절로 박수가 나왔다.

천장에 매달려 움직이는, 대나무 팔을 달고 있는 무용수들은 모두 검은 양복에 중절모를 쓴 인형극의 주인공들이다. 야수라 할 수도 인간이라

할 수도 없는 그 모습은, 마치 이성이 있는 어떤 존재를 정의 내리는 경계선조차 무너뜨리는 외계인과도 같았다.

고향 사람들 얘기 즐겨 다루는 헝가리 태생 안무가

헝가리 태생의 조제프 나주는 헝가리의 한 페스티벌에서 자신이 만든 솔로 작품으로 첫선을 보였는데, 이를 본 그의 선생이 그에게 부다페스트를 떠나 더 큰 유럽무대에서 활동할 것을 권했다고 한다. 1980년 나주는 드디어 파리에 도착해 드크루, 마르소 두 선생 밑에서 연극과 마임을 다시 공부했으며, 이후 이브 카사티, 라리 링과 함께한 첫 파리 데뷔 무대를 시작으로 다른 많은 단체에서 무용수로 활동하며 다양한 테크닉을 익혔다. 조지안 리부아르, 시도니 로숑, 프랑수아 베레, 카트린 디베레스, 마크 톰킨스 등 당시의 젊은 안무가들과 접촉하며 육 년 동안 늘 새로운 모습의 무용수로 성장해가던 나주는, 간간이 헝가리로 돌아가 본인이 직접 안무한 솔로를 선보였는데, 이때부터 자신이 태어나고 자란 고향 사람들의 자질구레한 이야기를 무용으로 만들기 시작했다.

"내 고장에서 가족과 친구들 앞에서 공연할 때 나는 예술적으로 가장 깊이 감동받는다."

1986년 자신의 무용단을 만든 그는 그 이듬해 파리 바스티유 극장에서 첫 작품 〈북경 오리〉를 선보였다. 어린 시절 들었던 황당하고 재미난 이야기를 소재로 가져와, 이를 중국에 비유하며 문화적으로 혹은 정치적으로 당하게 되는 소외에 대해 나열한 이 작품은, 유머가 지나쳐 환각 상태에 이르게 된다는 평을 듣기도 했지만 대중적으로 큰 성공을 거두었고, 이듬해 테아트르 드 라 빌에 초대되어 재공연되었다.

이후, 나주의 창작욕은 쉬지 않고 발산되었다. 전쟁과 죽음을 섬뜩하게 묘사한 〈코뿔소의 일곱 가죽〉(1988)을 시작으로 〈황제의 죽음〉(1989) 등에서는 연극과 무용을 결합해 보였고, 〈코메디아 탕피오〉(1990)부터는 문학가들의 사상을 테마로 삼았다. 소설가 게저 차트가 〈코메디아 탕피오〉의 소재로 등장하고, 오토 톨나이의 시에서 영감을 받아 〈오르페의 계단〉(1992)을 만들었으며, 1994년 초에는 〈보이체크〉를 발표했다. 그의 이런 레퍼토리는 모두 유럽 현대무용의 중심이라 할 수 있는 파리 테아트르 드 라 빌에 초대되었다.

조제프 나주의 성姓, '나주'는 헝가리어로 '크다'라는 뜻이다. 그의 성이 이미 말해주는 듯, 그의 작품은 그 구성에서부터 이야기 전개, 무대장치 등 모두 스케일이 크다. 안무가가 아닌 무용수로 무대에 오를 때 그는, Josef Nadj 대신 Jozsef Nagy라고 표기하는데, 이는 안무가로서도 또 무용가로서도 독립된 존재로 남기를 원하기 때문일 것이다. 부조리한 것들의 제대로 된 의미 표현, 그로테스크함과 부드러움이 잘 섞인 칵테일, 혼란스럽기만 한 익살스러운 몸짓들 그리고 누군가를 늘 조롱하는 듯한 블랙코미디…… 이 모든 것들이 그의 머릿속에서 어우러져, 오랜 시간 단절되어 있던 동유럽 문화와의 공동의 상상력을 찾기 위한 노력으로 나타나는 듯하다.

〈야수의 해부〉에는 새가 등장한다. 머리에 새 모양의 가면을 쓴 이 인간의 모습은, 존경 혹은 비난의 눈빛으로 먼발치에서 우리를 보고 있는 저것은, 분명 새다. 새는 죽음에 대해 슬퍼하고 애통해하는 꼭두각시 인간을 죽은 시체 바라보듯 노려보고 있다. 나주는 조국을 죽이고 자신의 존재와 신분을 잊어버린 살인자들을 '야수'라 부르고 또 '약탈자'라 이름 지었다.

그러나 세상 어느 곳에도 야수만이 존재하지는 않는다. 마지막 장면에 이르면, 인간의 몸 깊숙한 곳에서 생명과 자유에 대한 강한 욕망이 불꽃이 되어 타오른다. 무대의 조명이 꺼지고, 열광하는 관객 앞에 인사하는 출연자들의 몸안에 여전히 열기가 남아 있음을 느끼면서 참예술가를 대한 기쁨을 만끽할 수 있었다.

23 존 뉴마이어 *Neumeier John*

1939~

간결한 구성,
조형미의 극치

: 실비아
Sylvia

1997년 6월 30일
파리 가르니에 오페라극장 초연

1997년 7월 1일
파리 가르니에 오페라극장 관람

함부르크 발레단의 존 뉴마이어 예술감독이 파리 국립 오페라발레단과 인연을 맺은 것도 어언 이십 년이 되어간다. 〈바슬라브〉(1979)를 파트릭 뒤퐁이 공연한 후, 그는 〈한여름 밤의 꿈〉〈마그니피카트〉 등 여러 작품들을 파리 국립 오페라발레단을 통해 발표했고, 전 세계의 극찬을 받았다. 지난 몇 년간 신작 발표 없이 재공연만을 갖던 그가 만 이 년간의 준비를 거쳐 파리 국립 오페라극장의 1996/1997 시즌 마지막 레퍼토리로 신작 〈실비아〉를 발표했다. 이 작품으로 그는 다시 한번 프랑스 고전을 현대적 감각과 무한한 상상력으로 재해석하는 데 그 천재적 소질을 발휘했다.

뛰어난 기량과 시대를 초월하는 연기력이 살아 있는 무대

무대는 막이 열린 채 관객의 입장을 기다린다. 객석과 가까이, 투명하다고 느낄 정도로 하얀 조명 아래 영원한 잠에 빠져 있는 엔디미온이 보인다. 그리고 어느 사이 관객들 틈에 두 님프가 나타나 반대편 무대에 놓인 과녁을 향해 실제로 활을 쏜다. 활은 정확히 적중한다. 우리는 달의 여신 디아나의 성스러운 숲속에 들어와 있는 듯한 환상 속으로 빠져든다. 님프들의 군무와 디아나 역을 맡은 엘리자베스 플라텔의 차가운 듯 우아한 여신의 솔로는 1막의 처음부터 끝까지 분위기를 압도한다.

전체 작품에서 가장 인상적인 장면은 2막 1장, 아민타와 실비아의 이인무였다. 정년퇴임으로 파리 오페라발레단을 떠났던 모니크 루디에르가 객원 무용수로 초대되어 무대에 올랐는데, 뛰어난 감정연기로 유명한 그는 마뉘엘 르그리^{아민타 역}와 함께 뛰어난 테크닉을 유감없이 발휘했다. 또한 1950년대 디올 의상을 연상시키는 길고 빨간 공단의 드레스를 입은 실비아를 둘러싼 턱시도 차림의 남성 군무는 단순미와 시적인 미를 함께 갖는 서정적 무대를 연출해냈는데, 에로스의 축제장에 모인 하객들의 춤을 대신하는 이 군무는, 그 구성에 있어 곡예적인 동작을 가미, 추상적인 현대무용의 스텝과 결합해 신선한 효과를 자아냈다.

안무가는 에로스의 역할을 〈한여름 밤의 꿈〉 속의 장난꾸러기 '퍽'과 같은 인물로 설정했는데, 이 역을 맡은 니콜라 르 리슈는 오리온과 티르지스 역은 물론 작품을 이끌어가는 총명하기 이를 데 없는 사회자 역할까지 도맡아, 놀랍게도 다양한 성격을 모두 훌륭하게 소화해냈다.

이번 신작을 통해 존 뉴마이어는 두 가지 뛰어난 재능을 보여주었는데, 무엇보다 그의 탁월한 음악성이 돋보였다. 음악과의 대화가 동작 구성의 기본이 되었다. 클래식발레의 아카데미즘에서부터 현대무용과 독일 표현주의에 이르기까지, 모든 장르의 테크닉과 감성을 통괄해, 그는 음악과 우리의 몸이 어떻게 하나가 될 수 있을지를 연구했다.

두번째 돋보이는 점은 원작에 대한 재해석 능력이었다. 물론 그동안에도 〈로미오와 줄리엣〉〈한여름 밤의 꿈〉〈햄릿〉 등의 작품들을 통해 셰익스피어의 작품을 가장 잘 이해하고 분석하는 안무가로 인정받아왔지만, 각 작품들이 내포하고 있는 몽환적인 이미지를 광란의 몸짓으로까지 이끌어내는 것은 누구도 흉내낼 수 없는 그만의 능력이다.

1963년 런던에서 공연한 프레드릭 애슈턴의 〈실비아〉에 무용수로 출연한 경험이 있는 만큼, 존 뉴마이어는 도전적인 집념을 적당히 절제할 줄도 알았다. 또한 〈한여름 밤의 꿈〉에서도 강조된 바 있지만, 관능미를 표현하면서도 관능성을 전혀 과시하지 않는 그만의 독창적인 언어는 다시 한번 돋보였다. 특히 주인공 실비아가 그 관능미를 드러내는 장면에서는, 솔직하면서도 무엇인가 가슴속에 남겨두는 듯 여운을 주어 보는 이로 하여금 꿈을 꾸는 듯 착각을 불러일으키게 했다.

덧붙여, 그가 만들어낸 추상적인 동작들은 얼핏 무용수들이 별 어려움 없이 춤추는 듯 착각하게 하지만 실제로는 고도의 테크닉을 요구하는 것들로, 파리 국립 오페라발레단원들의 자연스러운 연기와 실력, 그리고 오랜 연습을 짐작게 했다.

존 뉴마이어의 무용언어는 간결하며 자연스럽고 유연하게 흐르면서도 동시에 아이러니컬했다. 그것은 모던발레의 최상의 품위를 보여주기에 손색이 없었다. 독무가 많지 않았던 점과 광대한 무대장치를 메울 만한 테크니컬한 동작들이 부족했던 것이 아쉽긴 했지만, 르 피가로와 르 파리지엥 등 많은 언론들이 성공작이라는 호평을 보냈다. 특히 초현실주의에 영향을 받은 이아니스 코코스의 무대와 의상은 조형적인 미의 극치를 이루었다는 극찬을 받았다. 그의 무대는 초록과 파랑, 그리고 하얀 바탕이나 빛, 그리고 시선을 집중시키는 노란 악센트로 요약할 수 있다. 커다란 무대를 상징적으로 장식하는 푸른 나무가 그의 세계로 들어갈 수 있는 유일한 입구이다. 1막, 디아나의 성스러운 숲속의 파란 나무를 2막 2장에서 하얀 뒷면으로 뒤집어 사용함으로써 겨울을 상징했고, 2막 1장에서는 파리 루브르 박물관에 보관되어 있는 에로스 조각을 거대하게 제작하여 에로스의 축제장을 대담하게 장식했다.

고전을 현대화하여 재구성하는 작업은 결코 쉬운 일이 아니다. 음악은 편곡 없이 그대로 이용한다 하더라도, 동작에 현대적 감각을 부여하고 무대와 의상에도 시대성을 반영해야 한다. 아무리 내용이 잘 알려진 고전이라 해도, 작품을 재구성하게 되면 안무가의 의도에 따라 전혀 다른 해석이 얼마든지 가능한데, 이렇게 안무자의 상상력을 통해 재탄생한 작품들을 관객들은 더욱 친근하게 감상하기도 한다.

뉴마이어는 고전을 재구성할 경우 기존의 작품에 과감하게 손을 대거나 수정하지 않지만, 그렇다고 줄거리나 인물 설정을 그대로 답습하지도 않는다. 토르콰토 타소의 원작을 발레화하는 작업은 녹록지 않은 일이다. 그리스신화에서 모티프를 얻었다고는 하나 타소의 작품에서는 인물들의 감정이 산만하고 저속하게 묘사되고 있기 때문이다. 존 뉴마이어는 우선 내용을 단순화하여 인물 하나하나에게 현대적 의미에서의 존재 가치를 부여하는 작업에서 열쇠를 찾았다. 그렇게 원작에는 없는 엔디미온과 목동 티르지스가 등장하며, 주인공 실비아에게 있어서는 소녀에서 처녀로 성숙해가는 과정을 묘사하는 데 중점을 두었다. 아마존에서 자라난, 운동을 좋아하는 활동적인 소녀가 강인함과 여성으로서의 나약함 사이에서 느끼는 갈등, 공격적이면서도 부드러운 감성의 평균/중용을 갈망하는 감정을 그는 자세히 묘사한다. 사랑을 통해 실비아는 자기 안의 관능미를 발견하고, 자기가 알고 있던 자신과 새롭게 발견한 자신의 모습 사이에서 분열을 일으킨다. 여신 디아나는 이런 소녀와는 대조적으로 체육선생과도 같은 권위를 발휘하는 존재로 설명된다. 에로스는 실비아를 행복으로 이끄는 스승과도 같다. 그런 점에서 존 뉴마이어에게 신화는 하나의 에피소드에 불과하다. 그는 '음악과의 대화'를 창작의 주제로 삼고, 이아니스 코코스의 원색의 무대—초록 배경에 우뚝 서 있는 푸른 나무—에서 시時를 구상하고, 실비아의 사랑의 색을 어떻게 묘사할 수 있을까를 연구했다. 그렇게 고전은 현대의 걸작으로 재탄생할 수 있었다.

24 데이비드 파슨스 Parsons, David

1959~

춤이여, 귀족적 심각함에서
벗어나라

: 봉투
The Envelope

1986년
초연

2004년 3월 25일
세종문화회관 관람

: 코트
Caught

1982년
초연

2004년 3월 25일
세종문화회관 관람

: 슬립 스터디
Sleep Study

1987년 7월 28일
제이콥스 필로우 무용축제 초연

2004년 3월 25일
세종문화회관 관람

: 카인드 오브 블루
Kind of Blue

2001년
초연

2004년 3월 25일
세종문화회관 관람

무용은 다른 예술 장르에 비해 일반 관객 동원이 어렵다는 편견을 깰 수 있는 안무가는 많지 않다. 이러한 현실은 국내뿐 아니라 해외 무용계에서도 마찬가지인데, 이런 편견에 도전한 안무가가 있어 무용계는 다행히 예술적 가치를 잃지 않으면서도 대중적 매력을 갖춘 작품을 심심치 않게 만날 수 있다.

파슨스 댄스 컴퍼니를 이끌고 첫 내한공연을 가진 데이비드 파슨스는 이러한 점에서 국내 관객들에게 '무용의 즐거운 재미'를 한껏 선사했다. 익살스러우면서도 충격적이고, 리드미컬하면서도 다이내믹한, 그래서 한순간도 무대에서 눈을 뗄 수 없게 만드는 그의 안무는, 다양한 소재와 번뜩이는 아이디어들로 화려하면서도 정교하게 장식되어 있었다.

마드리드 호텔에 머물렀던 파슨스가 우연히 편지봉투와 로시니의 음반 그리고 아라비아 여자 미용사의 사진 한 장을 한 프레임에 클로즈업하면서 곧바로 구상하게 되었다는 〈봉투〉는 무용수들 간의 재치 넘치는 몸싸움으로 군무를 이끌어내며, 시종일관 정확히 계산된 무대 구성의 묘미를 보여주었다. 검은 의상과 선글라스로 장식한 무용수들은 음모라도 꾸미는 듯 서로 엮이고 밀치며 빠른 흐름을 만들어내다가는, 결국 거미 모양의 포즈를 취하거나 둥근 원을 펼쳐놓은 듯한 군무를 보여줌으로써 한낱 놀이에 다름아님을 암시해 블랙코미디의 재미를 담아냈다.

중력을 무시한 채 공중에 떠 있는 듯한 신체를 표현한 〈코트〉는 전자음과 조화를 이루는 플래시 조명이 움직임의 모티프를 제공했다. 한 치의 오차도 없이 수학적으로 계산된 타이밍에 따라, 무용수가 공중에 떠오른 순간에만 조명이 켜지는 시도를 반복, 중력으로부터 해방된 인간의 자유로운 영혼을 담아냈다. 파슨스의 천재적 안무 능력이 국내 팬들에게도 여과 없이 전달되는 순간이었다.

파슨스는 그 외에도 잠자는 동안의 인간의 자연스런 움직임을 표현한 〈슬립 스터디〉, 마일스 데이비스 탄생 75주년 기념 축하 작품으로 카리브해의 멜로디를 담아 서정적 매력을 한껏 과시한 〈카인드 오브 블루〉 등, 다양한 소품들을 통해 끊임없는 열정과 환상을 담아냈다.

이틀간의 공연 외에도 파슨스 댄스 컴퍼니는 안 트리오와의 합동공연을 통해 전통의 미덕을 초월하여 대중들에게 쉽게 다가갈 수 있는 현대예술의 참모습을 보여주었다.

파슨스는 특정한 메시지에 집착하지 않는다. 무용과 대중 사이의 좁혀지지 않는 거리가 '귀족적 역사에서 빚어진 진지함' 때문이라고 본 그는 이 시대 대중의 욕구에 귀를 기울이고, 찰나에 주력한 이미지, 환각을 불러일으키는 화려한 움직임, 무용을 잘 모르는 관객도 쉽게 빠져들 수 있게 하는 즐거움을 만들어내는 아이디어를 안무의 중심에 두었다. 때문에 간혹 그의 작품은 순간을 즐기기 위한 코미디라고 과소평가되기도 하지만, 음악에 대한 정교한 분석력과 드라마틱한 구성력을 간파한 관객이라면 진지함을 표면적으로 드러내는 다른 어떤 작품보다도 이 시대 최고의 걸작으로서 손색이 없음에 동의할 것이다. 오랜 무용의 역사를 더듬어보아도 파슨스만큼 '찰나의 미학'을 이해하고 있는 안무가는 흔치 않다.

25 불랑 프티 Petit. Roland

1924~2011

낭만적 안무,
치밀한 심리묘사

: 클라비고
Clavigo

1999년 10월 15일
파리 가르니에 오페라극장 초연

2002년 1월 30일
파리 가르니에 오페라극장 관람

무용을 주로 무대에 올리는 파리 국립 가르니에 오페라극장의 2001/2002 시즌 프로그램을 보면 고전 작품보다 모던발레가 집중적으로 구성되어 있는 것이 눈에 띈다. 특히 롤랑 프티의 두 작품 〈노트르담의 꼽추〉와 〈클라비고〉가 포함되어 있는데, 이는 극히 드문 경우로, 최근 모던발레에 관심이 집중되면서 프랑스가 발레 전공의 신인 안무가 발굴을 위해 부단하게 노력하고 있음에도 불구하고 재능 있는 안무가를 발견하지 못했음을 반증한다 할 수 있겠다.

　　20세기 후반 프랑스 모던발레의 선구자로 활약해온 롤랑 프티는 1998년에 발표한 〈백조의 호수와 그들의 마법〉을 끝으로, 이십칠 년간 몸담았던 마르세유 국립발레단 예술감독직에서 물러나며 은퇴를 선언했으나, 이듬해 파리 국립 오페라발레단을 위해 안무한 작품이 바로 〈클라비고〉다. 또 2001년에는 일본의 아사미 마키 발레단을 위해 〈듀크 엘링턴〉을 안무했으며, 볼쇼이 발레단 초청으로 〈스페이드의 여왕〉을 재구성하기도 했다. 여전히 프랑스 모던발레의 자존심으로서 후배 양성과 안무활동에 헌신을 다하고 있는 것이다.

이번 시즌에 다시 무대에 오른 〈클라비고〉는 1774년에 발표된 괴테의 초기 작품의 하나로, 친구의 약혼녀였던 샬로테 부프를 사랑했던 경험을 통해 〈젊은 베르테르의 슬픔〉을 쓴 이후 결혼과 자유, 사랑과 구속에 대해 진지하게 고민한 흔적을 그대로 담고 있는 작품이다. 주인공 클라비고를 향한 마리의 순수한 사랑은 이루어지지 않고 결국 그녀는 죽음에 이르며, 이에 분개한 오빠의 손에 클라비고도 죽고 만다는 비극적인 내용이다.

롤랑 프티는 〈클라비고〉에서 매튜 본만큼 현대적인 감각으로 재해석하거나 실험적 변형을 시도하지는 않았지만, 괴테의 고전을 낭만주의 철학으로 풀어내어, 비극임에도 불구하고 경쾌한 군무로 신선한 리듬감을 삽입하거나 낭만적인 솔로를 보여줌으로써 새로운 접근을 시도했다.

장 미셸 빌모트의 무대디자인은 이러한 프티의 생각을 최대한 반영했는데, 건축가로서의 그의 재능은 '빛과 그림자'의 원리를 이용해 각 시퀀스마다 전혀 새로운 장면을 창조해냈다. 산만하기 쉬운 낭만적 분위기는 단순한 아름다움으로 바뀌었으며, 가벼운 소재를 이용해 벽과 기둥을 만들고, 투명 소재의 신비로움과 줄무늬 장식의 세련미를 더해 빛의 마술을 보여주었다. 그가 만들어낸 흑과 백, 잿빛과 은색의 아름다움은 루이자 스피나텔리의 의상과 환상적인 조화를 이루었다. 괴테에 대해 깊이 연구한 스피나텔리는 연극적인 요소를 강조하면서도 더욱 표현주의적이고 육감적인 디자인을 시도했다. 18세기의 시대적 특징을 유지하면서도 각 인물의 개성을 잘 드러내는 그의 의상은 장 미셸 빌모트의 무대와 함께 현대적이면서도 시대성을 잃지 않는 예술적 가치를 부여했다.

가브리엘 야레드의 음악 역시 돋보이는 요소였다. 주로 영화음악을 만들어온 그는, 전반적인 스타일에 대해 감독과 상의하면서 촬영과 함께 작업을 하던 평소와 달리 안무의 구성을 최대한 존중하고, 소설 속의 여자 주인공 마리의 성격에 더욱 충실하려 애썼다고 한다. 주요 테마를 세 차례 반복함으로써 감정표현의 중요성을 강조했으며, 왈츠를 많이 사용해 무용곡으로서의 가치를 주의깊게 부여했다.

롤랑 프티는 또한 무용수 니콜라 르 리슈와 클레르마리 오스타의 무용수로서의 개성을 염두에 두면서 작업했다고 한다. 니콜라 르 리슈는 이미 에투알 발레단 최고 등급의 수석무용수로서 그 기량을 발휘하고 있는 정상의 발레리노로, 즉흥적이고 지나친 야심의 소유자임에도 불구하고 여성들에게 매력적인 남성으로 어필되는 클라비고 역을 훌륭하게 소화했다. 그에 반해 오스타는 뛰는 동작에서 깔끔하게 마무리를 못하거나 감정연기가 부족하다는 평을 듣기도 했다. 클라비고의 욕망을 표현하는 장면에서는 마리 아녜스 기요의 연기가 오히려 돋보였다. 빨간색 의상과 짧은 머리가 연출해내는 열정적인 분위기와 남성 무용수만큼이나 큰 키가 만들어내는 긴 선으로 휘감는 환상적인 솔로는 니콜라 르 리슈의 마지막 죽음 장면과 함께 이 작품의 주요 장면으로 기억될 것이다.

26 알롱 프렐조카주 Preljocaj Angelin

1957~

추상적인 대사와
다양한 동작의 혼합

: 무미동물
L'Anoure

1995년 11월 7일
파리 테아트르 드 라 빌 초연

1995년 11월 7일
파리 테아트르 드 라 빌 관람

앙즐랭 프렐조카주의 신작 〈무미동물無尾動物〉은 영화 〈세상의 모든 아침〉의 작가 파스칼 키냐르의 단편소설 「잃어버린 목소리」가 그 소재로, 생사의 갈림길에 선 한 주인공의 이야기이다. 프렐조카주는 이 소설 속에서 안무의 모티프를 찾아냈다고 한다. 이 작품은, 무엇이 사랑이며, 무엇이 죽음이고 과연 무엇이 움직임인지, 가장 근본적인 질문들에 대한 그의 대답이다.

〈무미동물〉은 프렐조카주의 안무 중 가장 추상적인 작품으로, 작품 내내 현실과 죽음의 다리를 끊임없이 넘나드는 주인공은 환각 상태에서 벗어나지 못한다. 부모를 잃은 주인공이 차를 타고 가다가 역시 늪에 빠지게 되면서 이야기는 시작되는데, 주인공 장 뒤 베르는 이 상태로 낚시꾼들, 개구리, 그리고 무미류의 동물과 유령들을 만난다. 이들과 나누는 대화 형식으로 작품은 전개된다. 무미동물이 이야기를 이끌어가는데, 해설자가 등장해서(프렐조카주가 직접 이 역을 맡았다) 그 중계 역할을 한다. 대화 또는 독백 형식으로 이어지는 대사가 음악 대신 작품 전체의 흐름을 뒷받침하고 있다.

"그들의 풍자극을 듣지 마라. 그리고 말해봐. 네가 사랑한 것이 초록빛 유령이 아닌지."
"초록빛 재킷을 입은 아름다운 여인이었어." 장은 반박한다.
"그러면 그것은 개구리였어." 젊은 여인은 말한다.
"물에 빠져 죽은 유령은 청개구리가 되지. 불에 타 죽은 유령은 나비가 돼. 세상이 다 아는 사실이야. 땅에 묻혀 죽은 유령은 뱀이 되는 거야. 수의를 입은 유령만이 천사가 된다고."

결국 주인공은 해답 없는 질문과 몽롱한 환각 상태에서 벗어나 영원한 안식을 맞게 되는데, 죽음을 맞기 직전 육체가 생명을 잃은 후에도 정신은 제 육체의 주변을 떠돌며 경험하는 감정을 그려 보이기도 한다. 추상적인 대사와 동작의 결합이 특징인 프렐조카주의 연출은, 줄거리를 설명하기보다 주인공 장의 심리상태를 묘사하는 데 중점을 두었다. 에너지의 이동을 보여주는 동작들은, 묶고 풀고 그리고 또 묶는 형식으로, 특히 이 인무에서 잘 표현되었다.

대사의 리듬에 동작이 스며들듯이 결합시켰다는 점이 무엇보다 신선했다. 암흑과 빛, 정지와 움직임의 반복을 통해 그는 죽음이 곧 끊임없는 자신과의 대화의 상태로 빠져드는 것임을 말하고 있었다.

　1957년에 태어난 프렐조카주는, 프랑스로 이민 온 알바니아 부모 사이에서 태어났다. 어릴 때부터 발레를 배우기 시작했고, 앙제 국립 현대무용학교 졸업 이후 1980년에 미국으로 유학을 떠나, 지나 로메트, 머스 커닝엄 밑에서 현대무용 공부를 했다. 귀국 후 도미니크 바구에 무용단에서 활동하기도 했는데, 1984년 자신의 무용단을 만들어 〈암거래〉로 제17회 바뇰레 안무 콩쿠르에서 문화부장관상을 받았다. 평범한 외모와 차분한 성격의 소유자인 그는 내성적인 듯 보이지만 작품에 드러나는 성격은 그와 정반대이다. 지난 십 년간의 모든 작품들에서 잠재되어 있던 대담한 힘이 화산처럼 분출되는 것을 느낄 수 있다. 몸을 통한 표현에 있어서만큼은 절대 소극적이지 않다. 본래 니진스카 안무였던 〈결혼〉을 새롭게 해석해 1989년에 단편영화를 만들기도 했으며, 1993년에는 '발레 뤼스 추모작'이라는 이름 아래 〈장미의 정령〉 〈퍼레이드〉 등을 발표해 기존의 안무에 익숙해 있는 우리들에게 또하나의 충격으로 기억될 수작을 남겼다. '발레 뤼스 추모작'은 가르니에 오페라극장에 초대되었으며, 그 이듬해 파리 국립 오페라발레단 초청안무가로서 〈공원Le Parc〉을 안무해 극찬을 받았다.

완벽한 무대란
이런 것

: 백설공주
Snow White

2008년 9월 25일
리옹 비엔날레 초연

2014년 11월 14일
예술의전당 오페라극장 관람

백설공주는 독이 든 빨간 사과를 입에 문 채, 마녀로 분한 계모의 손에 이리저리 끌려다니며 아무 반항도 하지 못했다. 의식을 잃어가는 공주의 배를 무릎으로 때려, 결국 그녀가 쓰러지고 마는 장면은 동화에서 읽은 것보다 훨씬 잔인했다. 드디어 공주가 눈을 감자, 승리의 미소를 띠고 유유히 사라지는 계모의 뒷모습에서는 그리스신화 속 헤라를 보는 듯했다. 앙즐랭 프렐조카주의 〈백설공주〉는 이렇듯 계모의 질투와 음산한 기운이 줄곧 무대를 장악했다.

그래서일까. 일곱난쟁이가 등장하는 귀엽고 사랑스러운 동화의 이미지에서 완전히 벗어나, 어른을 위한 현대발레로 재탄생한 〈백설공주〉의 몰입도는 상당히 높았다. 인터미션 없는 백십 분간의 러닝타임에도 불구하고 단 한순간 지루한 틈이 없었다.

동화에 대체로 충실하면서도 핵심만 남긴 채 새롭게 잘 다듬어진 시놉시스는 성공적인 무대 연출의 가장 큰 힘이 되었다. 막이 오르면 먼저 검은 옷을 입은 만삭의 왕비가 백설공주를 출산하다 죽는 장면이 펼쳐진다. 계모가 공주를 죽이려 여러 번 계략을 짜고 난쟁이들이 그녀를 살려내는 내용도 없다. 마찬가지로 유리관 속에 누워 있는 공주의 모습을 보고 왕자가 첫눈에 반하는 동화와 달리, 두 사람의 사랑은 공주의 성인식에서 이미 시작된다. 때문에 죽어버린 공주의 모습을 본 왕자가 처절하게 오열하는 피날레 듀엣은 더욱 절절하다.

세계적인 디자이너 장 폴 고티에의 의상은 비주얼예술로서 최고의 가치를 더했다. 양쪽 옆구리를 드러낸 공주의 하얀 드레스는 상체 중앙을 살색으로 처리한 계모의 검은색 올인원과 대조를 이루며 과감하고 관능적인 여성미를 보여주었다. 전반적으로 무채색인 의상과 달리 오렌지색 왕자의 의상은 희망을 상징하는 듯 보였다.

완벽한 무대는 결국 시간이 지나도 눈앞에서 사라지지 않는 명장면이 결정짓는 것이 아닐까. 장엄하면서도 섬세한 말러의 음악이 전반적으로 통일된 분위기를 만들고, 무용수들의 움직임은 별다른 테크닉을 사용하지 않고도 에너지를 뿜어냈다.
숲으로 간 공주가 빨간 스카프를 흩날리며 선보이는 솔로는, 공주가 성숙한 여인으로 거듭나는 순간을 그리고 있는 장면으로, 스카프를 몸에 감고 푸는 단순한 동작만으로 충분히 여인의 향기가 묻어났다. 절벽을 타고 펼쳐치는 일곱난쟁이의 버티컬 댄스도 명장면 중의 하나다. 거울 속 모습을 데칼코마니로 연기하는 장면도 일품이었고, 죽은 왕비의 영혼이 하늘에서 내려와 공주를 데려가려다가 다시 내려놓는 연출도 극적이었다.

최고의 절정은 피날레 이인무였다. 무의식 상태의 공주와 추는 왕자의 애절한 춤은 프렐조카주의 또다른 명작 〈로미오와 줄리엣〉에서 보여주었던 것보다 더욱 애크러배틱한 동작들이 많았다. 상·하체의 연결 동작들은 절묘하게 이어졌고, 신체를 따라 흐르는 애절함은 더욱 강렬했다.

스물여섯 명의 무용수가 펼쳐 보이는 이 아름다운 하모니는 무대, 의상, 연출, 안무 어느 것 하나 흠잡을 데 없는 연출에 힘입어 또하나의 명작으로 거듭났다. 프렐조카주의 천재성은 그렇게 또 한번 우리를 감탄하게 했다.

예술적 무대,
파격적 무용…
충격의 백 분

: 그리고, 천 년의 평화
Suivront mille ans de calme

2010년 9월 20일
볼쇼이 극장 초연

2012년 5월 30일
국립극장 해오름극장 관람

무겁고, 침울했다. 세계적인 디스크자키 로랑 가르니에의 테크노음악은 자극적이었고, 요한 계시록에 기초한 세상의 종말과 그 속의 인간들의 형상은 때로는 과할 정도로 현실적이었다. 특별한 줄거리도 인터미션도 없이 백 분간 이어진 이미지 중심의 무용은 다소 파편적으로 이어졌다. 그래서인지 컨템퍼러리 발레의 종결자라 할 수 있는 앙즐랭 프렐조카주의 다른 작품들에 비해서는 다소 기대에 못 미치는 느낌이었다. 〈로미오와 줄리엣〉(1990), 〈공원〉(1994), 〈카사노바〉(1998), 〈백설공주〉(2008) 등은 발레와 현대무용의 탁월한 조합으로, 시대의 걸작으로 기억되지 않았던가.

프렐조카주가 이끄는 발레 프렐조카주 무용단의 〈그리고, 천 년의 평화〉가 국제현대무용제 폐막작으로 국립극장 무대에 올랐다.

2010년 볼쇼이 발레단이 기획한 이 작품은, 볼쇼이가 러시아 발레의 전통을 현대화하기 위해 과감하게 프랑스 안무가 프렐조카주를 선택한 것이었다. 기존의 작품에서 하나를 전수하려 했던 프렐조카주는 결국 본인의 무용단원 열 명을 투입해 스물한 명으로 신작을 구성했다. 고전발레로는 세계 최고인 볼쇼이이지만, '현대'와의 격차가 심하게 벌어져 있었다. 토슈즈를 벗는 것도 힘겨운 무용수들이 각자의 개성을 드러내는 것은 불가능했다. 볼쇼이판 컨템퍼러리 발레는 그렇게 탄생했다. 그런 점들을 감안한다면 〈그리고, 천 년의 평화〉는 수작이라 할 수 있을 것이다.

인도 미술가 수보드 굽타의 무대미술은 작품 전반에 걸쳐 돋보였다. 일상용품을 오브제로 활용해 예술성을 창조하는 '아상블라주Assemblage'가 특히 인상적이었다. 육체의 막이 된 투명 비닐, 요한계시록을 상징하는 듯한 책, 하늘에서 떨어지는 쇠사슬, 복면 또는 옷이 되기도 하는 만국기(아이러니하게도 러시아연방 국기는 없다) 등 많은 오브제가 등장했으며, 이 동식 벽은 거대한 무대장치라는 느낌이 들지 않을 정도로, 다채롭게 조합되어 무대 위에 녹아 있었다. 스테인리스 주방기구로 만든 모자를 쓴 여인들과 피날레를 장식한 양 두 마리의 등장은 굽타의 삼차원적 콜라주가 살아 움직이는 순간이었다.

천사의 날개를 단 두 여인의 유연함, 안대를 한 남성과 이인무를 추는 여인의 관능미, 군무진의 힘찬 약동은 프렐조카주의 천재성을 입증했다.

특히 물에 담갔던 국기를 하늘 높이 던져올리고, 바닥에 떨어진 물 위로 미끄러지는 장면은 그 박진감이 일품이었다. 예리한 이성으로 육체와 동작을 탐미하는 프렐조카주. 그리고 그의 협력자 굽타, 러시아와 프랑스, 고전과 현대…… '춤의 아상블라주'는 그렇게 완성되었다.

27 피에르 리갈 *Rigal. Pierre*

1973~

사각의 캡슐 안에서
벌어지는 인간의 사투

: 프레스
Press

2008년 2월 15일
런던 게이트 시어터 초연
2011년 10월 29일
아르코예술극장 소극장 관람

사각 캡슐에 갇힌 인간. 빨간 눈의 로봇 카메라가 그를 주시한다. 불빛이라고는 로봇 카메라가 비추는 조명이 전부이다. 불안하다. 긴장된다. 그리고 숨막힌다. 정장 차림의 남자는 천천히 회전한다. 느리게 움직여 의자에 걸터앉은 남자는 무료한 듯 주의력 깊게 팔을 뻗는다. 회색 벽에 드리워진 자신의 그림자가 유일한 벗이다. 미세하지만 신경을 거스르기에 충분한 소음 사이로 청명한 단음이 울린다. 벽에서 자력이라도 발생하는 것인지 남자는 벽으로부터 떨어질 수가 없다. 어느 순간, 가로 3미터, 세로 2.5미터의 캡슐이 작아지기 시작한다. 이제 캡슐의 높이는 남자의 키와 같다. 웨스턴음악이 흐르고, 자력에 저항하듯 파충류처럼 숨막히는 공간을 탐색하던 남자는 이제 거꾸로 서서 팔짱을 낀 채 막막함을 달랜다.

〈프레스〉가 드디어 한국을 찾았다. 서울국제공연예술제^{SPAF} 해외 초청작으로 국내 무대를 찾은 이 작품은 2008년 영국 초연 이후 삼 년 동안 17개국 육십여 개 극장에서 200회가 넘게 무대에 올려졌다. 분명 세계적인 대성공이다. 400미터 허들 육상선수 출신이라는 특이한 이력의 안무가 피에르 리갈. 안무 경력 팔 년, 그의 다섯 작품은 일 년에 백오십 일 이상 무대에 오른다. 어떠한 거장보다도 더 많은 공연일 터. 지난해엔 신작 〈마이크로〉가 아비뇽 페스티벌 폐막을 장식하기도 했다. 그야말로 폭풍 성장이다. 놀랍다.

그러나 양두구육^{羊頭狗肉}일지도 모른다는 의심을 완전히 버리지는 못했다. 극도로 축소된 공간 안에서 보여줄 수 있는 신체 표현은 그만큼 제한되어 있기 때문이다. 하지만 이런 생각을 비웃기라도 하듯 육십 분 동안 이어진 솔로는 단 일 초도 놓치지 않고 완벽하게 관객 몰입을 이끌었다. 작은 캡슐 안에서 자유자재로 펼쳐 보이는 신체의 리듬, 곡예하듯 유연한 몸놀림, 의자를 이용한 오브제와의 결합, 라이브로 정교하게 짜맞추어진 음향 그리고 그 안에 살아 있는 유머. 1미터도 안되는 높이로 낮아져버린 공간 속에서 미끄러지듯 반복되는 빠른 회전은 극의 절정을 이루었다. 로봇 카메라와의 사투 끝에 로봇의 붉은 눈을 입에 넣은 남자는 기계인간이 되어 끝까지 투쟁한다. 하지만, 결국 틈새 없이 줄어든 공간 사이에서 샌드위치맨이 되어 압사—프레스 당한다.

그런데 이 비극적 결말이 우울하지만은 않다. 소크라테스가 독약을 마시며 이데아 곁으로 간다고 행복해한 것처럼 모든 압박에서 벗어나 비로소 자유로워지는 남자의 모습은 오히려 해피엔딩으로 다가왔다. '프레스'는 '리버티—자유'를 남겼다.

리갈은 사회, 정치적 프레스—압박 그리고 기계문명과 대립하는 인간을 매우 흥미롭게 다루었다. 문화적 차별, 이념적 분쟁 등의 '대립'은 리갈이 꾸준하게 다루며 깊이를 더해가는 소재다. 2012년 9월에는 한국 LG아트센터와 스위스 비디로잔 극장 공동제작으로 서울에서 신작을 발표하기로 예정되어 있다. 여섯번째 안무작 〈작전구역Theatre of Operations〉이 그것으로, 이는 모든 대립이 발생하는 공간을 의미한다. 초연 이후 유럽투어도 이미 계획중이다. 처음으로 십여 명의 무용수가 등장하는 리갈의 신작이라는 점, 세계적으로 그 실력을 인정받고 있는 한국 무용수들이 출연한다는 사실만으로도 벌써부터 세계가 주목하고 있다.

컨템퍼러리 예술의 한 특징은 새로움을 위해 모든 표현수단을 가리지 않고 혼합하는 데 있다. 퓨전, 크로스오버, 탈장르, 전방위, 융합, 복합, 다원 등의 용어는 각각의 정의를 달리하면서도 결국 공통적으로는 '토털 시어터'를 꿈꾸는 개념들이다. 최근엔 '새 개념'이라는 모호한 명칭이 이를 대신하기도 한다. 그러나 언젠가부터 멀티디시플리너리Multidisciplinary라는 이름으로 이 시대의 아방가르드를 규정하고자 하는 성급함은 아쉽게 느껴진다. 〈프레스〉가 보여준 신체와 움직임에 대한 진지한 탐구가 컨템퍼러리 댄스, 나아가 컨템퍼러리 예술의 본질이 아닐까.

요즘 '비빔밥'이 넘쳐나는 공연계에서 제대로 된 음식을 만나기가 쉽지 않다. 재료는 다양하고 화려하지만 이들을 적당하게 배합하고 잘 비벼낸 손맛은 제대로 느껴지지가 않는다. 무엇보다 재료 하나하나를 정성껏 고르는 초심이 아쉬울 때가 많다. 넘쳐나는 '비빔밥' 속에서 소 한 마리를 넣고 제대로 고아낸 진득하면서도 깔끔한 설렁탕 한 그릇, 소면사리까지 넣어서 맛있게 먹은 기분이다.

28 호페시 섹터 Shechter, Hofesh

1975~

주먹 불끈 쥐고…
분노하라, 반항하라

: **반란**
Uprising

2006년
초연

2012년 3월 22일
LG아트센터 관람

: **당신들의 방에서**
In your rooms

2007년
초연

2012년 3월 22일
LG아트센터 관람

'요즘 현대무용계에 대세는 누구인가?' 이런 질문을 받으면 선뜻 대답하기가 어렵다. 현대무용이 다양성의 미학을 중요시하는 만큼, 각각의 예술가들이 각자 자신만의 색채로 빛을 발하기 때문이다. 이는 결국 너무 많아 지목하기 힘들다는 말일 텐데, 그런 한편으론 시대를 대표할 만한, 사회와 진정으로 소통하는 예술가를 딱히 꼽기 어렵다는 의미이기도 하다.

그런데 안무가 호페시 섹터의 대표작 두 편을 보면서 '대세'의 조건이 무엇인지 실마리를 찾을 수 있었다.

2006년 작 〈반란〉(26분)과 2007년 작 〈당신들의 방에서〉(40분)는 마치 하나의 작품을 1, 2부로 나눈 듯한 느낌이다. 객석까지 차오른 스모그, 일렬로 매달린 수십 개의 조명등, 굉음에 가까운 강렬한 사운드, 티셔츠와 면바지를 입은 일상복 차림의 무용수, 그리고 격렬하게 숨을 몰아가다가 단순하고 흥겨운 동작으로 이어지는 움직임들의 반복. 이러한 표현방식들은 '정치적 반항'이라는 주제에서 다시 한 번 만나는데, 빨간 깃발을 치켜든 군중을 묘사한 〈반란〉의 마지막 장면과 〈당신들의 방에서〉에 등장하는 '지도자를 따르지 마세요'라는 푯말은 동일한 메시지를 전달하고 있다. 2010년 초연 당시 내한공연을 가진 바 있는 〈폴리티컬 마더Political Mother〉는 이 두 편의 성공작을 심화시킨 작품이라고 하겠다.

어느 인터뷰에서 섹터는 예술과 정치를 언급한 적이 있다. 정치인들은 예술을 게임에 불과한 듯 얕보지만, 예술은 정치보다 훨씬 현실적인 ―사회를 변화시키는― 수단이라는 것인데, 이는 곧 그의 전투적인 예술철학을 대변한다.

영국을 중심으로 활동하는 이스라엘 태생의 섹터. 오하드 나하린, 버락 마셜, 이칙 갈릴리 등 세계적으로 주목받는 이스라엘 태생 안무가들의 움직임에는 반짝이는 순발력 뒤에 민족의 애환을 담은 서정성이 있다. 한편 동작 속에 게릴라적 요소는 거의 찾아볼 수 없는데, 변칙적인 표현을 배재한다는 뜻이다. 연극, 영상 등 타 장르에 의존하지 않으며, 춤추는 데 있어 일정한 규칙은 지키되, 도발적 열정만큼은 넘쳐난다. 이러한 이스라엘의 색채는 지역적으로, 정서적으로 많은 공통점을 가진 한국의 관객에겐 최고의 공감을 불러일으킨다.

정치적 성향이나 태생적인 어떤 열정 때문에 '섹터가 대세다'라고 인정하는 것은 아니다. 대중과 친근한 록 콘서트를 연상하게 하는 감각적 에너지 때문도 아니다. 섹터의 작품에서는 무엇보다 동시대 춤추는 이들에게 들불처럼 빠르게 퍼져나간 '자신감'이 보이기 때문이다.

일곱 명의 남자가 연기 속을 헤치고 의미심장하게 걸어오는 〈반란〉의 첫 장면은 죽음의 전장과 고난의 사회를 만든 지도자를 비난하듯 의미심장하다. 이어 발레의 르티레^{한 발로 중심을 잡고 서 있는 자세}를 유지한 채 한동안 서 있는다. 그것은 곧 이제부터 얼마나 자유롭게 춤의 역사에 얽매인 관습을 떨쳐버릴지에 대한 출사표에 다름아니다. 자신만만하다.

음악과 춤의 결합 역시 마찬가지. 작곡을 직접 하는 섹터는 춤을 리드하거나 보조하기 위해 음악을 사용하는 것이 아니라 춤과 음악을 동급으로 다룬다. 〈당신들의 방에서〉는 이층 상단에 라이브 연주자를 배치하고, 타악기 연주로 동작의 비트를 유도한다.

섹터가 좋아하는 동작이 있다. 바로 주먹을 불끈 쥐고 오른팔을 높이 들어 흔드는 것이 그것인데, 여기에는 어떤 분노가 있다. 분노는 곧 반항으로 이어지고, 반항은 곧 힘으로 표현된다. 20세기 최고의 반항이라 꼽을 만한 니진스키의 〈봄의 제전〉의 그것과 흡사하다.

이미 섹터를 모방하는 추종자들이 적지 않다. 추종자들이 많다는 것은, 곧 그가 지금 무용계의 중심이라는 뜻이며, 또하나의 새로운 트렌드가 생겨났음을 말한다. 그러나 새로운 경향을 만났을 때의 '충격의 유효기간'은 그리 길지 않다. 2006년, 2007년 그의 히트작들은 트렌드가 되는 순간 신선도를 잃었다. 예술가에게 사회 비판보다도 더 중요한 막중대사莫重大事는 다름아닌 창작이다. 창조는 그들의 우선 과제다.

29 둔의 투제 *Touzé, Loïc*

1964~

공간개념을
파괴하다

: 블록
Un Bloc

1997년 10월 3일
누아지엘 라 쾨름 뒤 뷔송 초연

1997년 10월 5일
누아지엘 라 쾨름 뒤 뷔송 관람

한 편의 공연을 위해 몇 달 동안 극장 내부를 개조했다. 이층 건물에 여섯 개의 작은 공간을 만들고 관객 수는 열아홉 명으로 제한했다. 더이상 극장은 '보는 장소'가 아니다.

인류 문화 발달과정에서 최초로 등장한 예술이 무용과 건축이다. 음악과 시가 함께하는 무용과 조각, 그림 등을 포함한 건축이 결합해 오늘날의 무대예술, 즉 극장예술이 시작되었다. '보는 장소'로서의 극장의 개념은 이렇게 희랍시대에서 시작되어 16세기 고전발레의 등장과 함께 예술 공간을 뜻하는 것으로 이해되어왔다. 그러나 20세기에 접어들어 현대무용이 등장하면서 그 개념에도 변화가 생겼다. 그러니까, 기존의 형식으로부터 탈피하기를 추구했던 새로운 경향은 '공간 형성의 자유'까지도 꿈꾸며 발전되어온 것이다.

지난 10월 파리 근교 누아지엘에 위치한 라 퓌름 뒤 뷔송 극장에서 공연한, 현대무용가 로익 투제와 조형예술가 프란시스코 뤼 드 엥팡트의 공동작 〈블록〉은 춤과 조형예술의 만남을 시도했다. 이 한 작품을 위해 지난여름부터 내부 개조를 시작해 이층 건물에 여섯 개의 작은 공간들을 새롭게 만들었다는 점도 화제가 되었지만, 관객 전체가 직접 공연에 참여한다는 점 역시 일반 관객들의 호기심을 자극하기에 충분했다. 열아홉 명으로 관객 수를 제한하고, 극장이라는 공간을 '보는 장소'가 아닌 '행하는 장소'로 새롭게 설정한 이 대담한 시도는, 관객들을 단계적으로 공간 내로 유도하면서 1997년 가을 현대무용 작품 중 대표적인 성공작으로 주목을 받았다.

여섯 공간으로 나누어진 제3세계로의 미로여행

미닫이문을 열고 들어가면 첫번째 공간이 나타난다. 놀이동산의, 우주여행 체험관으로 들어가기 전에 있는 대기실을 연상하게도 하는 이 공간은 마치 학교 교실을 그대로 모방한 듯하기도 하다. 안무자 로익과 공간 설계자 프란시스코, 그리고 다섯 명의 무용수가 낯선 공간에서 어리둥절해 있는 관객들을 인도한다. 관객들은 자연스레 겉옷을 벗어 가방과 함께 오른쪽 벽에 있는 옷걸이에 순서대로 정리를 한다. 그러고는 왼쪽에 위치한 긴 책상을 중심으로 벤치에 둘러앉아 '도대체 무슨 일이 일어나는 건가?' 하는 눈빛으로 주변을 두리번거린다.

　이윽고 로익과 프란시스코는 이 공연이 여느 무용 공연과는 다르다는 사실과 더불어 그동안의 작업과정을 설명하기 시작한다. 관객 하나가 무용수에 의해 방 뒤쪽에 있는 커튼 뒤로 인도되면 환풍기에서 나는 듯한 소음이 들려오기 시작하고, 하얀 공간 속에 분주히 움직이기 시작하는 무용수들의 동선이 그려지기 시작한다. '드디어 무언가 시작된 것인가?' 하는 호기심으로 관객들은 주변에서 일어나는 일을 관찰한다. 책상이 뒤로 물러나더니 서랍 안에서 쥐 한 마리가 나타난다. 관객들은 한 사람씩 계속해서 커튼 뒤로 인도되고, 벽과 몸 사이 여러 부분에 기대어놓은 나무 막대와의 사이가 점점 좁혀들며 여러 가지 굴곡들이 생겨난다. 갑작스레 나무막대는 모두 바닥으로 쓰러지고, 그동안은 닫혀 있던 새로운 문이 열리며 관객들은 한 사람씩 다시 두번째 공간으로 인도된다.

　관객들은 어둠 속에서 미로를 헤매다 철제 계단을 올라 두번째 방으로 안내된다. 여전히 어두운 공간 가운데 바닥에는 판자가 길게 놓여 있고 공중에는 조명기구가 달려 있다. 그 주변에는 의자들이 열 개가량 놓여 있다. 음악이 들려오는 듯도 하고, 관객들이 한 사람씩 들어올 때마다 문에서 나는 듯, 돌과 금속이 부딪치는 소리가 어둠 속에서 들려온다. 한 여자 무용수가 나무판자 위에서 움직이기 시작한다. 로익의 조정으로 조명이 밝아졌다가 어두워졌다가를 반복한다. 키 큰 남자 무용수 한 사람이 관객들에게 초콜릿을 나누어주고는 자신도 초콜릿을 먹는다. 다른 무용수는 동화 이야기를 귓속말로 관객들에게 전한다. 무용수들은 번갈아가며 솔로로 즉흥 동작을 연이어 보여준다.

세번째 공간은 다락방이다. 간이침대가 사방에 놓여 있는데, 관객들은 자연의 소리를 들으며 침대에 누운 채 천장과 벽에 비친 새가 날아가는 화면을 본다. 드디어 그동안 각자 다른 리듬으로 이동하던 열아홉 명의 관객이 이 작은 공간에 모두 모이기 시작한다. 네번째 공간은 마치 다른 곳으로 이동하기 위한 승강기를 연상케 한다. 한쪽 벽면이 갑자기 열리고 짐승의 코처럼 생긴 장난감을 코에 단 무용수들이 긴 나무막대를 들고 나타나서는 막대 끝으로 관객을 한 명씩 유인한다. 자연스레 관객들은 나무막대를 양쪽에서 잡고 상하좌우로 움직이며 작은 공간 안을 천천히 돈다. 느린 동작이기는 하나 서로에게 집중하고 전체적인 조화를 이루며, 그들은 진지하게 움직인다.

다섯번째 공간은 공사장을 보는 듯하다. 한가운데 공사가 덜 끝난 방이 있고 사방에 건축자재들이 놓여 있다. 이제 무용수의 손에 이끌려 공간을 이동하던 관객들은 자발적으로 공간을 탐색하기 시작한다. 계단을 오르기도 하고 문을 열고 방으로 들어가기도 하고 창밖을 내다보기도 한다. 그러나 무용수들이 빠른 속도로 반복적인 동작을 하며 움직이기 때문에, 관객들은 여전히 주의깊게 주변을 관찰해야 한다. 무용수들과 타이밍을 맞추어야 다음 장소로 이동할 수 있다. 그리고 어느 순간, 누가 관객이고 누가 무용수인지 구분할 수 없을 정도로 그들은 함께 호흡한다.

여섯번째 공간은 정사각형 형태의 마당놀이 공간과 흡사하다. 한쪽에서는 실제로 드럼을 연주하고 관객들은 강하게 들리는 드럼 소리에 맞추어 사방으로 흩어진다. 가운데 빈 공간에서는 절정 뒤의 결말을 맺듯이 무용수들은 듀엣으로 번갈아가며 정지된 동작을 보여주며, 다소 산만할 수도 있었던 지난 공간에서의 분위기를 정리한다. 갑자기 벽 한쪽에 위치한 쇠문이 열리고 무용수 모두가 뛰어나간다. 또다른 공간으로의 이동인가 싶어 쫓아 나가보면 그곳에는 각자의 겉옷과 가방이 바깥 한쪽에 걸려 있다. 관객들은 이제 '제3세계로의 여행'을 다녀온 듯한 착각에서 벗어나지 못한 채 서로의 감동을 교환하느라 분주하다.

카롤린 칼송에게서 드디어 걷는 것을 배웠다

로익은 어린 시절 유난히 분주하게 움직이기를 좋아했다고 한다. 로익의 부모는 넘치는 에너지를 발산하게 하기 위해 누나와 함께 무용을 배우게 했다. 남다른 재능을 타고난 로익은 아홉 살에 파리 국립 발레학교에 입학해 팔 년간 발레를 공부한다. 엄한 규율과 힘든 훈련 속에서 발레를 그만두고 싶다는 생각을 자주 했으나 실비 길렘의 파트너 역할을 할 정도로 뛰어난 재능을 보였다. 드디어 열여덟 살에 어려운 시험을 거쳐 발레단에 입단했으나 결국 심한 마음의 갈등이 생기기 시작했다.

"1983년 열아홉 살 때로 기억합니다. 프랑수아 베레의 공연중 전자기타 음악이 울리는 부분이 있었어요. 그런데 그 순간 문득 가슴속에서

타이츠를 신고 있는 지금의 내 모습 말고 다른 무엇인가가 있는데……라는 생각이 들었어요."

그후 곧장 발레단을 그만둔 그는 카롤 아르미타주, 카롤린 칼송, 머스 커닝엄 등에게서 현대무용을 배우기 시작했다.

"맨발로 걷는 것이 하찮은 동작처럼 보일지 모르나 이것은 움직임의 기본입니다. 카롤린 칼송에게서 드디어 걸음마를 배웠습니다."

그는 곧 여러 현대무용 안무가들—칼송, 마틸드 모니에, 카트린 디베레스, 베르나르로 몽테—과 함께 무용수로 활동하다가 1989년 반 고흐 형제를 소재로 한 첫 작품 〈해바라기 방〉을 발표하며 안무가로 데뷔한 후, 1992년 자신의 무용단을 창단, 여덟 편의 신작을 발표했다.

"신체, 욕망, 사고 그리고 리듬을 가지고 나의 고유한 언어를 만들기로 결심했지요."

배우, 음악가, 조형예술가 등과 어울리며 복합예술로서의 무용을 연구해온 칼송은, 퇴름 뒤 뷔송 극장 상주안무가로 활동하기 시작한 지난해, 드디어 음악과 무용의 조화를 주제로 한 〈만일 우리가 평온하게 걷는다면…〉을 발표했다. 이번 신작 〈블록〉은 그 두번째 단계로, 조형예술과 무용의 만남을 실행한 것이다.

〈블록〉은 육면체의 건축재료로, 공간, 시간, 음악, 정신과 움직임, 관객 등의 요소가 한데 모여 각각 한 면씩 차지할 때 비로소 하나의 블록을 이룬다는 의미다. 따라서 로익에게 관객은 필요 불가결한 존재이며, 그의 작품에서는, 무용가의 의도적인 움직임과 관객의 움직임이 같은 비중으로 존재한다.

올해 서른네 살인 로익 투제는 안무가로서 자신만의 고유한 예술철학을 갖기를 원한다. 그러나 성공작으로 평가받은 한 작품으로 인해 특정한 스타일의 안무가로 인식되어지는 것은 거부한다. 오직 '절제된 자유'라는 현대무용의 기본 철학을 깊게 담고 있는, '살아 있는' 작품 창작만을 추구할 뿐이다.

에두아르 록_아멜리아
©LG아트센터

장-크리스토프 마이요_신데렐라

© 성남문화재단

장-크리스토프 마이요_신데렐라
© 성남문화재단

장-크리스토프 마이요_신데렐라
© 성남문화재단

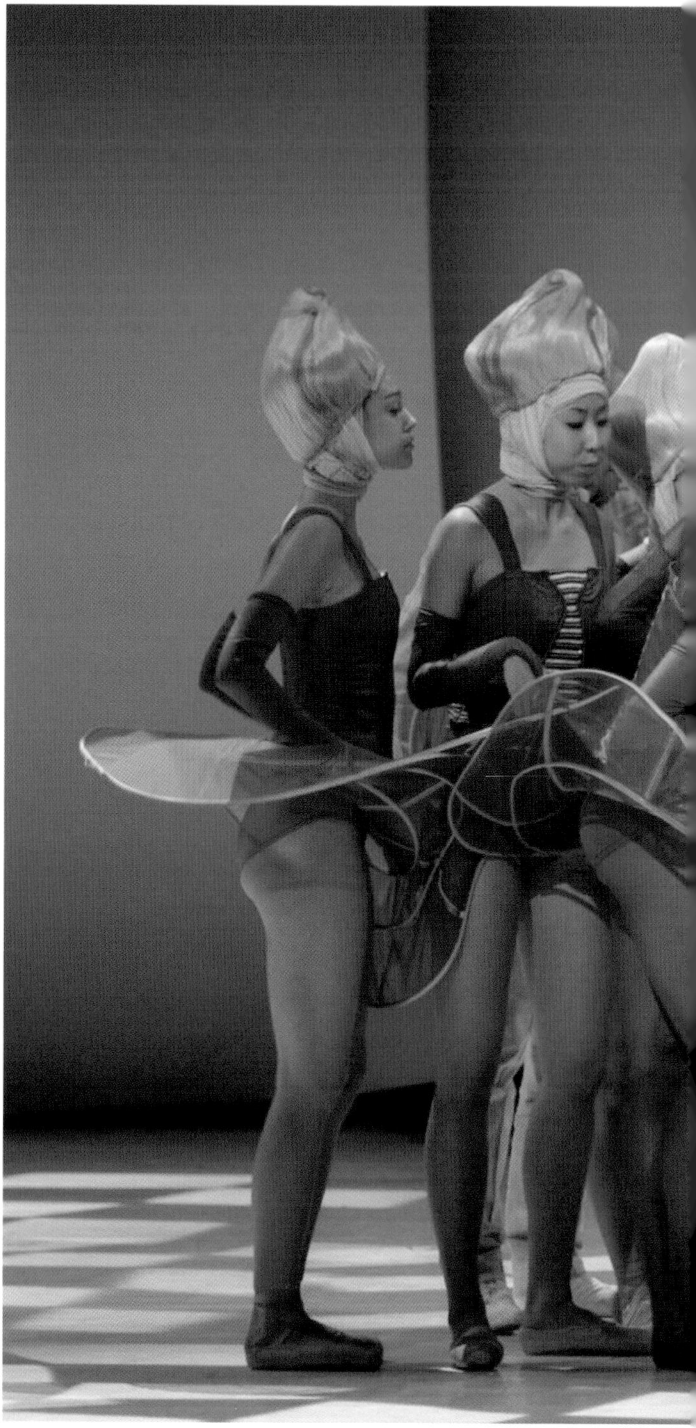

1

2

3

4

1 | 2 | 3 | 4
장-크리스토프 마이요_신데렐라
© 성남문화재단

피에르 리갈_프레스
©Pierre Rigal

호페시 섹터_반란
©LG아트센터 / JD Woo

호페시 섹터_당신들의 방에서
©LG아트센터/ JD Woo

빔 반데키부스_블러쉬
©LG아트센터

빔 반데키부스_슈피겔
©LG아트센터

30 빔 반데케이뷔스 Vandekeybus, Wim

1963~

헤어날 수 없는
열정의 무대,
그리고…

: 블러쉬
Blush

2002년 9월 24일
브뤼셀 KVS/더 보텔라레이 초연

2003년 9월 26일
LG아트센터 관람

벨기에 출신의 최첨단 아방가르드 작가 빔 반 데키부스가 〈블러쉬〉로 첫 내한공연을 가졌다. 유럽의 최근 공연예술 경향을 제시한 이번 무대 는, 2002년 초연 이후 60회 이상의 공연을 거치 면서 갈고 다듬어진 연출력으로 인해 관객들로 하여금 공연 내내 열정과 긴장에서 헤어나올 수 없을 만큼 강한 힘을 발산했다. 오르페우스와 에우리디케의 신화를 소재로 한 작품은 이전에 도 많았지만, 반데키부스가 이끄는 울티마 베즈 무용단의 사랑과 죽음에 대한 현대적 해석은 가 장 원초적이고, 자극적이며, 육감을 동원한 예 민한 지적이었다.

에우리디케 역의 연극배우와 나머지 무용수 들이 관객에게 던지는 끊임없는 질문들은 관객 스스로가 자신의 모습을 거울에 비추어 보며 반

추케 했다. 남녀 다섯 쌍의 출연자들은 작품 속에 완전히 몰입되어 광적으로 서로에게 경계와 두려움을 드러낸다. 사랑은 인간의 본능적인 욕망이며, 기쁨과 함께 슬픔 역시 동반되며 결국 죽음으로 이끄는 통로일 뿐이라는 결론을 이끌어내는 동안 관객들은 지옥의 광경을 목격하게 되고, 연속적으로 이어지는 직관적인 표현들에 자연스레 자문하게 된다.

'코를 골며 깊이 잠든 남자와의 섹스도 사랑의 행위인가. 개구리를 갈아 먹은 여인의 몸속에서 개구리의 인자는 살아남아 영향을 미칠 수 있는가. 돼지 먹이를 받아먹는 절름발이 에우리디케는 욕망의 분신에 불과했던가.'

수의사였던 아버지의 영향으로 동물과의 추억이 많은 반데키부스는 이전에 발표한 다른 작품에서처럼 동물의 이미지, 동물의 움직임들을 작품 속에 녹여내고 있다. 에우리디케의 입속에 살고 있던 개구리는 오르페우스에 다름아니며, 돼지들의 이미지는 곧 지옥 속 인간들의 모습이다.

한편 무용수들의 움직임은 야수들의 거친 동작들과 닮아 있다. 무용수들의 장대 오르기 솜씨는 흡사 원시인들을 떠올리게 하며, 남녀가 뒤엉켜 펼치는 한판의 듀엣은 마치 몸싸움처럼도 보인다. 날렵하고 강인한 에너지를 내뿜는 여자 무용수들은 마치 잘 훈련된 여전사들과도 같다. 그중에서도 베트남계 프랑스 여자 무용수 티마이 엔귀엔의 동물적인 눈빛과 발의 착지는 표범의 것처럼 날렵하고 예리하다.

관객과의 교감을 가장 중시하는 반데키부스의 안무철학에 따라, 관객들로 하여금 한순간도 한눈을 팔지 못하게 하는 숨가쁜 진행은, 데이비드 유진 에드워즈의 흐느적거리는 록음악으로 잠시 숨돌릴 틈을 찾으며, 출연자들이 관객에게 다가가 끊임없이 대화를 나누는 장면으로 이어진다. 그들은 DNA를 얻기 위해 관객의 머리카락을 뽑아 가고, 다른 관객에게는 돈을 주면 노래나 춤을 보여주겠다고 유혹한다. 에우리디케를 잃은 오르페우스의 허망함을 상징하는 담요를 객석으로 던지는가 하면 에우리디케가 먹던 돼지 먹이를 한 통 가득 객석 위로 쏟아버리기도 한다. 단순히 욕구를 채우기 위해 짐승의 형상으로 추하게 변한 에우리디케를 찡그린 눈으로 지켜보는 관객을 비웃기라도 하는 듯 먹이 세례를 퍼부은 것이다. 관객으로서는 견디기 힘든 대우이지만, 반데키부스의 관객과의 대화는 이렇게 객석을 빠르게 오가며 무대와 객석의 경계를 무너뜨리는 데 그 묘미가 있다.

긴박한 움직임들은 스크린에 비추어지는 돌고래수족관 속의 수중 장면과 함께 서정적으로 전환된다. 무대 위의 무용수들이 번갈아가며 물속으로 뛰어들 듯 스크린 속으로 몸을 던지면, 영상 속엔 포말이 일고 무용수들이 물속을 유영하는 모습이 관객들을 맞는다. 현실과 꿈, 지옥과 천국, 희망과 절망, 사랑과 죽음을 오가며 펼치는 황홀한 무대는 초현실의 세계를 표현한다.

독일의 피나 바우슈가 추구한 '탄츠테아터'와 프랑스를 중심으로 활동하는 여러 컨템퍼러리 댄스 안무가들의 '테아트르 당세'와 같은 장르에 비교되는 반데키부스의 예술세계는 연극적인 요소를 함축하고 있기 때문에 같은 갈래로 볼 수도 있지만, 이번 작품에서 보여준 시도는 '댄스시어터'라고 한마디로 정의하기엔 부적합할 정도로 탈장르, 탈이미지, 탈환경을 추구했다. 놀라운 테크닉으로 무대를 장악하는 무용수들의 움직임과 필요한 매체를 총동원하는 거침없는 반데키부스의 연출은 충격과 서정미를 혼합한 퇴폐적 카타르시스를 맛보게 한다.

피로 물든
공백의 아름다움

: 순수
Puur

2005년 5월 27일
싱가포르 아트 페스티벌 초연

2005년 6월 3일
문예진흥원 예술극장 대극장 관람

싱가포르 아트 페스티벌 초연과 아비뇽 페스티벌 공연 직전 서울에 모습을 드러낸 빔 반데키부스의 신작 〈순수〉는 안무가 자신도 아직은 미완성이라고 말하듯 완벽한 연출작이라고 보긴 힘들었다. 스토리텔링 방식을 벗어나 주제에 따른 이미지 영상을 강조하는 안무로는 두 시간 반에 걸친 장편을 이끄는 데는 무리가 없지 않았다. 간간이 드러나는 긴장감 상실이 이를 증명했다. 그러나 이미 2003년 〈블러쉬〉 내한공연을 통해 호평을 받았듯이 영상과 무대 공연이 함께 어우러진 독창적인 전개방식은 현실과 기억 속의 환상의 세계를 오가는 공허함을 잘 연출해내고 있었다.

뜻을 이루지 못하는 데서 기인하는 갈등으로 인해 죽음에 이르는 한 인간의 내면세계, 죽은 자들의 푸념이 뒤섞인 영상 속의 진실, 인간의 욕망이 상처가 되어 조금씩 현실을 외면해가는 과정은 충격으로 다가왔고, 늙은 독재자의 반복되는 예언은 지워진 기억을 현실로 끄집어내며, 그리스도 탄생을 두려워한 나머지 베들레헴의 많은 어린아이를 살해한 헤로데스 왕의 잔인함이 작품 내내 처절하게 넘쳐흘렀다. 아내 마리안마저 살해하고 자신의 아들도 죽이는 잔혹함을 깊숙이 느끼게 하려는 반데키부스의 영상 연출은 탁월했다. 핏빛으로 물든 리얼리즘이 더욱 생생한 자극이 되었다.

조형예술과 무용의 결합을 꾀했던 스승 얀 파브르의 영향을 받은 반데키부스는 타 장르 예술의 경계를 어렵지 않게 넘나들며 현실과 상상의 세계를 스크린의 마술로 풀어나갔다. 무대에서의 상상력 동원이 부족하다고 느껴지면 미리 제작된 영상이 스크린에 비추어지며 어느새 우리를 몽롱한 과거의 기억 속으로 이끌었다. 작품의 구조와 내용을 동시에 안무하는 특성이 드러나듯 즉흥적 연기와 잘 짜인 군무의 조화는 관객의 흥미를 유도하는 매개체가 되었다.

간간이 지루함으로까지 느껴졌던 긴장감 상실이 곧 반데키부스가 주장하는 '공백의 미'라고 평한다면 과찬이 될지도 모른다. 그러나 혼동과 혼합이 미래의 예술관이듯 끊임없는 자문과 해답을 얻기 위한 독백은 극의 전개를 한 차원 높은 단계로 이끌며 간접적 이해를 도왔다. 움직임의 언어에도 간접화법이 존재함을 증명하듯이.

두 명의 연극배우와 무용수들로 구성된 출연진은 극에 몰입한 채 몽환적인 연기와 에너지 넘치는 움직임으로 시종일관 분주하게 움직였다. "우리 엄마 죽었잖아!"라는 대사가 인상적이었던 한국인 무용수 원원명의 활약은 자신감과 탄탄한 기량으로 신인답지 않은 여유로움까지 보여주었다. 엄마 마리안을 잃은 헤로데스 왕의 아들을 연상하게 했다. 진지한 연기, 탄탄한 실력이 무대를 가득 채우고 있었다.

'거울'을 통해
되돌아본 이십 년

: 슈피겔
Spiegel

2006년 9월 29일
브뤼셀 KVS/더 보텔라레이 초연

2008년 10월 10일
LG아트센터 관람

벨기에 컨템퍼러리 댄스를 대표하는 울티마 베즈 무용단이 2006년 창단 20주년을 맞아 발표한 〈슈피겔〉과 함께 내한했다. 두 차례의 내한 공연을 통해 안무가 빔 반데키부스의 작품 성향은 국내에도 이미 잘 알려져 있으나, 이번 작품은 창단 이후 발표한 작품 중에서 여섯 편을 뽑아 재구성한 작품이라는 점이 이채롭다. 여러 작품의 매력을 모아 매끄럽게 연출한 〈슈피겔〉은 울티마 베즈의 예술세계를 단번에 펼쳐 보이는 듯했다. 때문에 대표작의 하이라이트를 한눈에 훑어보는 재미를 만끽할 수 있었지만, 단일 작품에서 느낄 수 있는, 반데키부스의 집요하리만큼 반복적인 극한의 움직임이 주는 감동은 기대하기가 어려웠다. 사진을 전공한 반데키부스는 영상에도 뛰어난 실력의 소유자로, 현지에서는 영화감독으로도 활동하고 있다. 이러한 그의 강점은 벨기에뿐 아니라 유럽을 대표하는 컨템퍼러리 댄스 성향을 규정하는 데 많은 영향을 끼쳤다. 이번 작품에서 역시 샤워를 하고 있는 세 남자 무용수를 에워싼 연기가 공중으로 사라지는 영상은 무척 인상적이었다. 마치 실제 인물이 움직인다는 착각이 들 정도로 부드러운 빛이 강하게 부각되었다. 울티마 베즈 무용단 대부분 작품에서 영상을 위한 스크린이 사용되었으나, 이번엔 가는 줄의 막이 대신했는데, 막을 이용한 등장과 퇴장은 반데키부스가 자주 사용하는 연출법이기도 하다.

벽돌을 던지거나 이를 이용해 징검다리 건너기를 하거나 높이 쌓기를 하는 등의 시퀀스는 무용수들 간의 신뢰를 강조했다. 거침없이 내던지는 벽돌을 사이에 두고 생동감 넘치게 이를 피해 가는 세 명의 남성 무용수의 움직임은 목숨을 건 게임과도 같지만, 한편으론 그들의 오랜 훈련을 대변하는 듯했다.

무용수들은 위험을 무릅쓰고 천장에 달린 의자에 몸을 싣고 또 매달렸다. 동물적인 욕망을 표출하는 직설적인 감성은 절제된 듯했으나 위험과 정면으로 대면하는 표현력은 여전했다. 객석을 향해 웃옷을 벗어던지거나 깃털을 객석 쪽으로 불어 넘겨 관객이 이에 동참하게 하는 등의 시도는 숨가쁜 질주중, 마시는 한 모금의 생수와도 같이 신선한 자극이 되었다.

영상이 차지하는 비중을 줄인 데 반해 움직임과 음악의 조화는 한층 강조되었다. 지난 여섯 편에서 사용했던 음악들 중에서 동시대적 감각에

뒤지지 않는 곡만을 선별한 것은 이 작품이 옴니버스라는 선입견의 부담에서 벗어나게 해주었고, 현실과 대립하는 현상을 드러내는 데 있어서도 음악은 윤활유 역할을 해주었다. 빨간 원피스를 입은 여성의 솔로는 가벼운 듯하면서도 무게감이 느껴지는 양면성을 강조하며 음악과의 뛰어난 조화를 선보였다.

여러 인상적인 이미지 속에 가장 강렬한 메시지를 전달한 장면은 천장에 매달린 갈고리에 몸을 싣는 마지막 장면이었다. 인간의 영혼과 육체가 분리되는 순간을 포착해 마치 영혼이 사라진 살덩이를 강조하듯, 옷만 남은 갈고리는 영혼의 영원성과 육체의 한계를 설명했다. 알몸이 되어 사라지는 인간의 모습을 보며 슬픔과 기쁨 등의 감정이 배제된 인간 내면의 고독을 느낄 수 있었다. 또다른 시작을 위한 순회로의 질주, 삶이 육체를 버릴지라도 인간은 절망하거나 포기하지 않는다는, 그래서 오히려 희망적인 결말은 울티마 베즈의 지난 이십 년을 뒤돌아보는 '슈피겔—거울'이 되어주었다.

에필로그

안무란 무엇인가.

가장 쉽게 떠오르는 정의는 안무Choreography는 춤을 만드는 것, 안무가
Choreographer는 춤을 만드는 사람이다. 그런데 문제는 '춤을 만드는 것'이
무엇인지 설명하는 게 도통 쉬운 일이 아니라는 데 있다.

세기의 안무가 삼십 인을 고르고 그들의 작품에 대해 이야기하면서 끊
임없이 '안무란 무엇인가'라는 질문을 던졌다. 시대에 따라 안무에 대한
정의도 변해왔다. 그러나 최고의 안무가를 선별하는 기준은 여전히 무대
위에서 펼쳐지는 안무의 질質이다.

옥스퍼드 무용사전엔 안무와 안무가를 이렇게 정의하고 있다.

"안무는 춤과 기록에 관한 그리스어에서 유래했다. 본래 춤의 발동작을 실
제로 적는 것(오늘날 무보법Dance Notation)을 가리켰지만, 18세기 말부터 춤을
만드는 기술을 의미하게 되었다."

"안무가는 춤을 만드는 사람. 무용작품의 발동작과 패턴을 만들고 배열하

는 역할을 하는 사람."

본래 '춤을 기록한다'는 의미였던 안무가 지금은 '춤을 만드는 기술The art of composing dance'로 바뀌었다. 이 정의에 따르면 안무에는 특정한 기술이 있어서 그것을 배울 수도 있고, 그것을 기준으로 안무를 잘 하는지 못 하는지를 평가할 수도 있을 것만 같다. 한편 안무가에 대한 설명을 보면 안무는 춤동작을 만드는 것에 불과하다. 가장 권위 있다는 옥스퍼드 무용사전에도 안무에 대한 정의는 편협하기 짝이 없다.

한국직업사전은 안무가에 대해 좀더 상세하게 설명하고 있긴 하다.

"안무가는 공연제작자 또는 방송 프로듀서 등과 공연 방향 및 콘셉트에 대해 협의한다. 공연 목적에 맞게 음악을 선정한다. 감정을 표현할 춤동작을 구상한다. 공연에 참여할 무용수 또는 무용가를 구성하여 안무한 춤을 가르치고, 연습시킨다. 무용을 연구하고 개발한다. 공연시 직접 출연하여 춤을 추기도 한다."

'창작 및 예술 관련 서비스업'에 무용가와 안무가를 분류하고 있고, 안무가가 되기 위해서 최소 사 년에서 십 년의 교육이 필요하다고 덧붙였다. 그런데 용어나 안무과정에 대한 설명을 보면 안무가는 마치 뮤지컬이나 방송 프로그램의 제작진 중 한 명에 불과하다는 인상을 지울 수 없다. 안무가가 자신의 역할을 다하는 것은 분명 무용작품을 만들 때이고, 무용

작품을 만드는 데 있어 결정권자이자 브레인일 텐데 이 정도 설명으론 부족하지 않을까. 그만큼 국내에서 안무가의 위상이 낮다는 뜻일 듯싶다.

춤을 추는 것은 음악으로 치자면 악기를 연주하거나 노래를 부르는 것과 같다. 안무는 작곡에 해당한다고 보면 된다. 그러나 음악의 악보만큼 무용의 무보舞譜는 상용화되어 있지 않다. 무보에는 공간, 움직임 등 악보보다 훨씬 복잡한 기호나 그림을 담아야 한다. 그런 탓으로 기록하기도 힘들고, 사용하는 경우도 적다. 연극의 대본처럼 무대에서 벌어지는 일을 기록할 수 있을 것 같지만, 실상은 한 장면을 기록하는 데 서너 장의 무보를 그려야 하므로 효율성과 실용성이 크게 떨어진다. 기록의 어려움 때문에 무용은 재현하기도 어렵고, 레퍼토리로 만들어 대중에게 다가가기도 쉽지 않다. 〈백조의 호수〉나 〈호두까기 인형〉과 같은 고전발레 작품에 나오는 춤을 모아 갈라 공연을 하는 경우를 제외한다면, 누구나 알고 있으며 반복되는 안무란 거의 없다고 봐도 된다. 그래서 기존의 형식화된 악보를 조금씩 변형하며 작곡을 하는 음악과 달리, 무용의 안무란 과거로부터 내려오는 관습화된 방법론이 많지 않다. 머리에 스치듯 지나가는 첫 단상부터 하나씩 축조해나갈 수밖에 없다는 얘기다. 진정 무에서 유를 창조하는 예술가가 바로 안무가다.

무용은 극장예술로 자리잡은 이후부터 종합예술이 되었다. 특히 20세기에 접어들면서 안무가는 단순히 동작을 짜는 역할에서 음악·무대·의상·조명 등을 아우르는 총연출자가 되었다. 콘셉트는 물론 작품의 내용이나 주제까지도 모두 안무가를 통해 구현된다. 작곡가나 무대·의상·조명 디자이너 혹은 드라마투르기Dramaturgie 등 전문가의 도움을 받지만 궁극적으로 자신의 생각을 육체언어로 풀어내는 이는 안무가다.

이처럼 안무가는 무용작품에선 전방위적이며 최종 책임자다. 그래서 난 유명 안무가를 만나면 그들의 '안무관'이 무엇인지 꼭 묻곤 했다. 답은 의외로 간결했다.

안무는 시간입니다. 난 칠십 년 가까이 배우고, 배우고, 또 배웠습니다. _모리스 베자르

마릴린 먼로가 그려진 티셔츠를 입으면 나도 그녀처럼 아름다워질 겁니다. 내 작품은 바보 같고 단순합니다. _제롬 벨

무엇을 정해놓고 안무를 하진 않아요. 줄거리는 관심 없어요. 그저 움직일 뿐이죠. _보리스 샤르마츠

음악이 곧 춤입니다. _안 테레사 드 케이르스마커

안무는 재미죠. _필립 드쿠플레

몸이 말을 해야 합니다. _장-클로드 갈로타

춤은 몸을 정의하는 이상적인 수단입니다. _에두아르 록

클래식을 현대적으로 만들기 위해 안무를 하죠. _장-크리스토프 마이요

형태를 바꾸는 것에 대해 집중합니다. _호세 몽탈보

텍스트를 분석하면서 안무에 들어갑니다. _조제프 나주

추상적인 게 싫어요. 현실을 환상적으로 표현하고 싶습니다. _롤랑 프티

이 세상의 모든 소재를 춤으로 만듭니다. _앙즐랭 프렐조카주

아름다움엔 관심 없어요. 효율성을 추구합니다. 어떤 동작이 주제에 적합한지만 몰두합니다. _피에르 리갈

테크닉은 잊어야 해요. 완벽한 동작도 중요하지만, 완벽하지 않은 동작도 꼭 존재해야 합니다. _로익 투제

안무철학은 가지각색이었다. 주제와 소재 선정에 대해 말하기도 하고, 어떤 작업을 먼저 시작하는지 또는 동작을 만드는 원리를 설명하기도 했다. 구상 자체를 안무로 보기도 하고, 개념극에는 춤이 없어서 그것은 안무가 아니라고 단언하는 이도 있었다. 여하튼 자신이 안무하는 데 있어 가장 중요시하는 생각을 말했다. 물론 시간이 지나고, 다른 인터뷰에서는 다른 대답을 할지도 모르겠다. 그러나 분명한 것은 이 한마디에 그들의 작품세계가 명확하게 담겨 있다는 사실이다.

내가 만난 세계적인 안무가들의 공통적인 생각은 안무는 배울 수 있는 것이 아니며, 따라서 안무법이란 없다는 것이었다. 어찌 보면 너무나 당연하고, 허무한 얘기일지 모르나 세상 이치가 그렇지 않을까. 사는 방법에 정답이 없는 것처럼 안무도 누구에게나 통하는 만고불변의 진리는 없을 테니. 모던발레이든 컨템퍼러리 댄스이든 장르는 중요하지 않다. 오직 삶의 철학과 인생의 발자취를 몸으로 풀어놓을 뿐이다.

이 책이 궁극적으로 전달하고자 했던 것도 어쩌면 세세한 안무방식이 아니라, 그들이 살아온 삶을 조금이나마 되돌아보고자 함이었다. 어떻게

세기의 무용이 나올 수 있었는지, 걸출한 안무 뒤편엔 우리가 알지 못하는 번민과 아픔이 켜켜이 배어 있었음을 알리고 싶었다. 춤이란 결국 삶의 일부이니 말이다. 동시대 위대한 안무가들과 함께 호흡할 수 있었다는 사실에 다시 한번 감사함을 전한다.

2015년
장인주

세기의 안무가

초판 인쇄	2015년 12월 14일
초판 발행	2015년 12월 24일
지은이	장인주
펴낸이	김승욱
편집	조연주 한지완
디자인	최정윤
마케팅	방미연 이지헌 함유지
홍보	김희숙 김상만 한수진 이천희
제작	강신은 김동욱 임현식
펴낸곳	이콘출판(주)
출판등록	2003년 3월 12일 제406-2003-059호
주소	10881 경기도 파주시 회동길 216
전자우편	book@econbook.com
전화	031-955-7979
팩스	031-955-8855
ISBN	978-89-97453-65-8 03680

* 이 도서의 국립중앙도서관 출판예정도서목록(CIP)은 서지정보유통지원시스템
홈페이지(http://seoji.nl.go.kr)와 국가자료공동목록시스템(http://www.nl.go.kr/kolisnet)에서
이용하실 수 있습니다. (CIP제어번호: CIP2015033512)